第七脳釘怪談

朱雀門 出

竹書房
怪談
文庫

目次

一　チョキとグーでヤミクラさん……9
二　靴づくし……22
三　掘り当てた太歳《たいさい》のこと……29
四　九月十四日の荷……35

五　〈儀式の話　1〉顔踏……38
六　〈儀式の話　2〉瞑唱……43
七　〈儀式の話　3〉混殻……47
八　ダルドリー・シッディな客……50
九　かわいそうな犬……54
十　車輪を回す……57
十一　絶望→希望寺院……62
十二　ブクブクブクブク……69

十三　阿修羅と蜥蜴人《とかげびと》……74
十四　尾《つ》いてくる女の子……79
十五　大きすぎる月としもべのような犬……83
十六　赤い風船の少女……86
十七　黒い蝶から逃げろ……89
十八　死んだらバナナが生えます……92
十九　コウモリごっこ……96
二十　白目とコウモリ……100

二十一　一匹のブタ……103
二十二　ねじれた天使の吹くラッパ……106
二十三　死んだ神さま……110
二十四　生まれ変わり……114
二十五　母親似……117
二十六　喉切り箱……120
二十七　喉切り箱2……127
二十八　水面から出ては何度も溺れる夢……132

二十九　背の街……135

三十　男の子だよ……147

三十一　プールの水は血……150

三十二　葬式魚……154

三十三　そうよ……158

三十四　蟒《うわばみ》に出遭った話……167

三十五　怖い卵を産む……172

三十六　プールにいっぱい浮いていた……177

三十七　テントが張られる……181
三十八　長イタチ……186
三十九　ケンケンする子……189
四十　血の滲む努力……198
四十一　頭の腫れた人魚……201
四十二　すごい毛……204
四十三　首絞めごっこ……211
四十四　インプラントを取り出す話……215

※本書に登場する人物名は、様々な事情を考慮して全て仮名にしてあります。登場順に読みの先頭が「あいうえお順」に割り振ってあり、本名とは全く繋がりがありません。

一　チョキとグーでヤミクラさん

美味《おい》しくて盛りも良いから大好きで通っている洋食屋がある。その店のマスターと奥さんには顔を憶えてもらうようになった。そのうち、私が怪談本を上梓していることや、怪談番組に出ていることも耳にしたようで、お二人から「実はこんな体験があるんです」と以下の話を教えてもらった。

奥さんの妹は独身で、賃貸物件に一人暮らしをしていたが、その大家さんから連絡があった。何ヶ月も家賃が振り込まれていないというのだ。だから、契約時に保証人になった奥さんのところに電話がかかってきたということだった。

妹とは全然連絡を取り合っていなかったので、寝耳に水である。それで、事情を訊こうと妹の携帯電話に連絡してみたものの、全く繋がらない。

これはおかしいと、実際に妹の部屋へ行き、大家さん立ち会いの下、中に入った。実は奥さんも初めて入るのだけれど、調度品が少ないなと思った。玄関から続くダイニングキッチンには、小さなテーブルと椅子が一脚と、小さな食器棚があるだけだった。その食器棚の中にはマグカップと皿が二枚だけ。フォークやスプーンすらなく、コンビニで貰ったと思われる割り箸が数膳、ビニール袋に入っていた。冷蔵庫も無い。そして、テーブルの上にはうっすらと埃《ほこり》だけが薄い層になって積もっていた。

隣のリビングにはパイプベッドがあり、そこは寝室も兼ねているようだった。畳まれずに丸まった掛け布団と洗っていなさそうなカバーが付いたマクラがベッドに載っている。あとは衣類を納めた透明の収納ケースが一つあるだけだった。散らかってはいないが、整理されてそうなっているというわけではなさそうだ。単に物が少ないのだ。ゴミすら無い。

長く不在であるように思えた。

実はまだ見ていない部屋がもう一つある。そこも確認に向かった。

その部屋はさっきの部屋とは真逆なほどに雑然としていた。

多量のぬいぐるみが目に付いた。そこには、ウサギをモチーフにした、あるキャラクターの様々なグッズが散乱していた。コレクションだと思われるが、かなりの量である。そのキャラクターは小さな女の子が対象ではあるが、大人でも気に入って集めているという話は耳にする。だから、このコレクション自体は幼稚だとか異常だとか非難される筋合いはない。けれど、生活必需品とのバランスを考えると、奥さんは我が妹ながら微かな異常性を嗅ぎ取った。それは奥さんだけの印象ではないようで、そこに入ったとき、大家さんはちょっとギョッと身を竦《すく》めていたのだ。

勿論、その部屋にも妹はいなかった。また、現在の居場所の手がかりになるようなものは見つからなかった。とりあえず、家賃は立て替えたが、どうやら妹は失踪したようなので、いない者のために家賃を払い続けるのはどうかということになり、そこは引き払うことにした。

荷物は、あのコレクションも含めて、というか殆どがコレクションなのだが、引き取ることにした。

その荷物の中に、奥さんの目に留まったものがあった。それはＤＶＤである。そのキャラクターグッズを開発している会社の記念ＤＶＤで、妹が集めているキャラクターだけでなく何種類も同社からは人気キャラクターが発表されており、それらが総出演している。そんな人気キャラクターの中には奥さんが子供の頃に大好きで集めていたものもあった。だから、そのＤＶＤはちょっと見てみたいと思い、これだけは今、持ち帰ることにした。

家に戻り、早速、プレイヤーの前で、そのケースを開けてみると、中には二枚入っていた。一枚はキャラクターなどがプリントされているが、もう一枚はそっけない無地である。プリントされている方が本編でもう一枚は特典映像だろうか。しかし、ケースには一枚ものだと書かれている。だから、これは妹が自分で関連映像をダビングでもしたのだろうと思った。それで、まず、その謎のＤＶＤから再生することにした。

すると、いきなり、白いタイルをバックにした殺風景な部屋に、初めて見る女の子のバストショットが映った。タレントに詳しくないが、垢抜けない感じがして、素人が映っていると思えた。案内の説明文や会社のロゴなども映っていない。また、何種類もある同社のキャラクターも一つも映っていない。

おそらく、プロの機材ではなく、スマホか家庭用のビデオなどで撮られたような画質であった。ＢＧＭも流れていない。これは記念ＤＶＤとは無関係のものかもしれないという考えが頭をかすめた。

唐突に、女の子が歌い出した。両手を肩くらいまで上げている。

「グーチョキパーで、グーチョキパーで、何作ろー……」

グーチョキパーと呼ばれる有名な手遊びである。奥さんもすぐに、あれだと思った。

もしかすると、同社の様々なキャラクターを手の形で作ろうとしているのだろうか。

少女は右手をチョキに、左手をグーにした。

奥さんは自分もこの歌で遊んだことがあり、そのチョイスであれば、カタツムリだなと思った。カタツムリをモチーフにしたような、そんなキャラクターはいただろうか。

いや、チョキとグーならウサギの頭部に似せた形を作ることができる。妹が集めていたキャラクターはまさにウサギをモチーフにしたものだ。それかと思った。

しかし、少女は予想していたグーの上にチョキではなく、グーの下にチョキを置いた。

ではカタツムリだろうかと思い直したところで、

「ヤミクラさーん、ヤミクラさーん」

と、巨大な頭をしていて、そこから直接足が生えたような奇怪な二足歩行生物を模した、不気味な手の動きをした。奥さんが話しながら実際に私の前で再現してくれた形は、ナイトクローラー、別名コンパス人間を思わせた。それが、チョコチョコと早歩きしていて、そんな生き物が本当にいそうな妙なリアルさがあって、ギョッとした。

それに、口にした名前もどこか不気味である。まず、同社のキャラクターにそんな名前のものはいない。それに加えて、形態から考えてもそんなものはいない。だから、同社のキャラクターとは無関係な、少女とその周辺のものだけが知っている無名の人物というかキャラクターなのかもしれない。少なくとも奥さんには全く心当たりがない。今見ているこれは、どういうＤＶＤなのかという不安が大きくなり、表現している内容そのものもなんだか薄気味悪かった。

「よくできたね」

と、年配の男性の声がした。画面には依然として少女だけだ。ただ、少女だけの映像だと思っていたところに、低い声がしたので不意を衝《つ》かれて奥さんはギョッとした。その少女からすると声の主はお祖父さんくらいの年の差を思わせる。それも少しひっかかる。男性の声はそれだけしかなくて、その男性は実験をしている博士というか、医者というか、そういう印象を受けて、この映像は少女に対する知能テストの記録か何かかと思えて、ますます気持ち悪くなってきた。

それで、ＤＶＤを消そうとプレイヤーに近づくと、画面が引きになり、女の子の全身が映った。大きな変化につい、画面に目が留まった。

少女が着ているのは、何かパジャマを思わせる無地の服で、実験や知能テストだと思った印象に引きずられたからだろうか、入院患者のように見えた。

画面に、ウサギの着ぐるみを着た人が入ってきた。手にしたニンジンを足下にある宝箱のような箱に隠してその女の子にシーッという仕草をした。声は一切出ておらず、着ぐるみの人物はパントマイムをしていると思えた。なんだか、内容が気になってしまい、画面に目がいってDVDを止められなくなっていた。

そのウサギは少女から離れていった。その部屋から出ていったようだ。すると、次にリボンをつけたウサギが入ってきた。女の子のウサギ、ということだろう。そのメスウサギは部屋を物色しているというのを表現したパントマイムをしている。そして、あの宝箱を開けて、ニンジンを見つけて取っていく。

「だめよ」と少女はメスウサギの背中に向かって言うが、ウサギには聞こえていないようだ。

そこへニンジンを宝箱へ隠したあのウサギが戻ってくる。箱へ一直線に向かっている。

少女はハッとして、手で口を押さえている。

が、ウサギは宝箱からニンジンを取り出した。手にして食べる動作をしている。

少女はひどく驚いて目を見開くが、困惑で表情が曇っていく。

と、そこで画面は暗転する。それ以降の映像は入っていないようだった。

……結局、記念パレードとは何の関係もなく、特典映像っぽくもない。というか、女の子を使って何かの実験でもしているような、その記録のような気もして、薄気味悪い。

もう本編を見る気は失せていた。

そんなことがあった次の日、通常通りに店に出た。

忙しさも落ち着いてきた二時過ぎに、奥さんは二階の、ある窓際の席に料理を運んでいた。その席にはたまに足を運んでくるカップルが遅めの昼食を摂りに来ていたのだ。

と、大きな羽音がした。

コロナ対策もあり、通気性を良くするために窓は少し開けていた。それもあって外の羽音が聞こえたとは思うが、それでも、ちょっと大きすぎる気がした。

実際に窓のすぐ外にカラスが来ていた。

カラスはまるでそこに電線があってそれに止まるかのような体勢で宙に浮いていた。

それだけでも奇妙なのに、そのそばに次々にカラスが止まって、結局、四羽が空中に並んでいる。

奥さんだけでなく、お客さんもそれを見てギョッとしている。

と、一番左の一羽が首を傾げるような仕草をした。可愛げがなく不気味で、しかし、目を留めてしまう、奇怪な仕草だった。首は半周以上周り、首が折れるか捥《も》げるかするのではないかと思った途端、その姿勢のまま見えない電線から落下した。

その隣のカラスも同じ動きをなぞっており、頭が下を向いている。その隣もその隣もと、順に首をひねって落ちていく。

その動き自体が気持ち悪いし、行動の意味不明さが不安にさせる。心の中はそんな気持ちだったし、体も反射的に動いており、カラス達から目を離した。最後の一羽は首を傾げるところしか見ていない。どさっという音を聞いた気がするが、それは脳が補完しているのかもしれない。とにかく、途中からは見ないようにして、料理を並べると「ごゆっくり」と言って下におりた。

下におりてマスターに今見たことを簡潔に告げると、外に見に行ってくれた。マスターは戻ってくると、確かに四羽の、首が捻れたカラスの死体があるという。そのままにはしておけないので、マスターは市役所に電話をかけた。淡々と処分を依頼していると、客が来た。

見覚えのない、新規の客で、柿色のジャンパーを着た小柄な男性だった。

服装にはこれといっておかしなところはないのだが、なんと、その顔中にお経が書かれていた。耳なし芳一の撮影でもあるのかとギョッとするが、坊主頭の芳一とは異なり頭髪はちゃんとあってむしろオシャレな髪型をしている。撮影スタッフも連れていないし、これは単に変な人が来ちゃったに違いないとちょっと身構えた。だからといって、お経を顔に書いているから出ていって下さいというのもなんだし、そこまで言わなくても、顔に字ぃ書かれてますよと指摘するだけでも失礼な気もした。だから、通常の客と分け隔てなく接するように徹した。

その男はホットコーヒーを注文すると、トイレの場所を訊いて席を立った。

しばらくして戻ってくると顔を洗ったのか、お経は消えていた。が、顔立ちがすっかり変わっている。角張っていた輪郭すら変わっていて面長になっているのだ。ただ、柿色のジャンパーにぴったりしたデニムという出で立ちと、小柄で痩せ気味という体型、それと声もさっきと同じなのであの男だと判断せざるを得ない。何か異質なものが訪ねてきているという、漠然とした危機感が奥さんの胸の中で生じている。不可解な出来事が連続しているのもあって、その不穏な訪問者が何かしそうな気がして、無視できそうだった違和感と不安が、一点の汚れが徐々に滲み広がっていくように大きくなっている。

男は何食わぬ風でまた席に着くと、奥さんに話しかけてきた。

「子供の頃、グーチョキパーってやりました？」

奥さんはギョッとした。昨日見たあの薄気味悪いＤＶＤが頭をよぎったのだ。しかし、考えすぎだろう。偶然だと思い、動揺することなく、「ええ」と頷いた。

「あれって、想像力とかを伸ばすのに良いんですよね」

男性はそう言うが、特に肯定も否定もするほどグーチョキパーに造詣は深くないので、「はあ」と相槌をうつだけだった。

「どういうのやりました？」

と男は親しみを込めているのであろう、笑みを浮かべて訊いてきた。

奥さんはそのときには、あの少女がやっていたヤミクラさんのことが頭に浮かんだが、ヤミクラさんという名前自体は忘れていた。それに、子供の頃に遊んだ例としてあれを出すのもおかしいので、パーとパーでチョウチョと身振り付きで答えた。

「そうそう。ほかにもやりましたよね」

と、まだ例を挙げろという感じなのでチョキとチョキでカニさんを披露した。

男は天を仰ぐようにして笑い出した。何が面白かったのかよくわからず、おもわず身構えてしまう。

「そうそう。そういうのです。でもね、右手と左手を違うのでもやりませんでしたっけ」

と男はニヤリとした。

ますます、昨日のＤＶＤを見たことを言わせようとしているような気がしてきて、怖くなってくる。しかし、奥さんは記憶を辿って
「パーとグーでヘリコプター、ですかね」

と身振り付きで答えると、男はさらに大きな声で笑い出した。

「あははは。そうです、そうです。やったやった。懐かしいなあ」と歯を見せるが、突然、真顔になって「でも、僕が知りたいのは、チョキとグーです。奥さん、チョキとグーは何でしたっけ？」と訊いてきた。

うわっ、と思ったけれどそこで「カタツムリ～ですね」と振り付きで力強く答えた。

「ほんとに？」と男は首を傾げた。もう笑ってはいなかった。「僕のときはヤミクラさんだったな」

それを聞いて、またまたうわっと思った。あの少女の手の動きを思い出すし、ヤミクラさんという名前までも思い出して鳥肌が立ったが、そんな動揺は素振りにも出さず、「やっぱり年代ですかねー、私、おばさんですからー」と明るく答えた。

自然とそれで会話は終わって、男はコーヒーをゆっくり飲むと帰っていった。

見送るように、マスターは一緒に外に出て、ついでにカラスの死体を確認したが、もう片付けられていた。市の職員あるいは市が依頼した業者が来たのだろうとは思ったが、あの男の仲間がやったような気もして、考えすぎかとは思うが、ちょっと気持ち悪かった。

結局、あの謎のＤＶＤは捨てた。以上の奇妙な出来事が、何かあのＤＶＤのせいのように思えたのだ。少し考えすぎかと自分では思いはするのだが、捨ててしまうとすごくスッキリしたという。

二　靴づくし

　ある一軒家が以前に建っていたという更地のそばを安東《あんどう》さんは通る度に、これは何なのだろうと思っていたものがあった。一メートル四方程度の敷地を高さ二メートルほどのトタン板で囲った小部屋のようなもので、簡易式トイレを思わせる奇妙な構造物である。そんなほったらかしの空き地に簡易式トイレを置いても利用者などいまい。それにそもそも、簡易式トイレくらいであるのはサイズだけで、壁は薄そうだし、トイレとは思えない。何かを隠すというか、守るためのようにも思えるが、簡単に中を覗けそうではある。守るにしては不十分だ。それに、こんな空き地に何が残されているというのだろうか。

　わざわざ残すとすれば、粗末にするとバチがあたるような祠《ほこら》がまっさきに考えられたが、こんな風にトタンで囲うだろうか。囲わず、剥《む》き出しの祠のママで良いだろう。それにそもそも、そこには祠などなかったはずだ。いや、もともと何があったのか。考えても思い出せない。

そんな風に気にしているのは周りでは安東さんだけだった。この話をしても、さあね、くらいの返事をもらえるのがいいところで、皆、その構造物には全く関心を持っていないようだった。

ある黄昏時、安東さんは一人でその更地のそばを通った。と、いつもとは違って、その奇妙な構造物の前にとても綺麗な女の人が立っていた。少しつり上がっているけれど大きな目が特徴的で、ほっそりとした美人である。この辺りでは見かけない人だ。というか、こんなに綺麗な女性はなかなかお目にかかれない。と、色気づいた心持ちでその女性を眺めていると、その本人が近づいてきた。ギョッとしていると、お願いがあると言う。その声が綺麗で、なんだか魔法にでもかかったかのように心地よく、は、はあ、という間抜けな返事をするばかりだった。

お願いというのが、ついてきて欲しいとのことだった。どうも安東さんを招待したいというのだ。こちらから逆にお願いしたいくらいだと思うけれど、返事をする前に、あれよあれよという間に手を取って導かれる。

その先が、あの気になっていた構造物である。取っ手も無いけれど、女性は巧みに板をドアのように開けて、安東さんを中に引き入れる。

一緒に入ったそこは、なぜか豪邸の玄関先だった。そんなわけはないから、トタンで覆われたあの構造物から豪邸へ行くまでの記憶が飛んでいるだけだと、今になったら思えるという。ここはどこだろうと思ったら振り返って確認しそうなものだけれど、そのときはそんなことも思いつかないくらいに判断力が鈍っていた。

そんな夢とも現実ともつかないような記憶しか残ってはいないけれど、言われるままに屋敷に入り、食堂に通されて席に着いた。そこで食事を饗《きょう》されたのだ。

ただ、その料理が奇妙なものだった。

靴を解体した断片である刺身だとか、靴をまるで焼き魚のように塩焼きにしたもの、靴紐の塩辛、靴のゴム底などをアラとして用いた潮汁《うしおじる》など、どれもこれも、靴を素材にした料理ばかりだった。まさに、靴づくしである。

靴を食べるなど論外なのだけれど、そのときは、とても美味しそうなので口にした。そして、それが実際に美味いのだ。今となっては異常だとは思うのだけれど、その時は〝画像くらいは目にしたことがある深海生物を材料に使った珍しい料理〟くらいの認識で、靴の料理なんて珍しいなぁと思っていた程度だった。

「靴ってこんなに美味しいものだったんですね」と言った憶えもある。だから、靴を食べているという自覚はあった。しかし、靴を食べることが異常であるという判断はできていなかったのだ。

「そうよ」とずっと相手をしてくれていた麗人は嬉しそうに歯を見せた。「ただ、この靴を食べてもらっている最大の理由は、足止めなのですよ。この靴の持ち主は、あのイクサブロウさんなのですからね」

　安東さんはギョッとした。それは父方の叔父さんの名だったのだ。ただ、その驚きも、その場にはおらず、また、すっかり忘れていた人物の名を言われたからという程度のもので、なぜ、叔父の名を知っているのかというごく当たり前な疑問は全く思い浮かばなかった。

　麗人はイクサブロウ叔父さんの連絡先を訊いてきた。それは電話番号で良いとのことなので、安東さんはスマホを手にして番号を読み上げた。

「家はどちらかしら?」

　と問われて、安東さんはスラスラと住所を読み上げた。それを頷きながら聞いている麗人の顔はとても嬉しそうで、その顔を目にして今俺はとても良いことをしているぞと、我が行動に満足していた。

と、安東さんは我に返った。そこは海岸だった。一人、海岸でスマホを手にして、あのイクサブロウ叔父さんの連絡先が登録されているページを眺めている。あの立派な屋敷の中ではないし、麗人もいない。知っている風景ではあったが、そこに突然、一人で立っているので、言い知れない不安が体を包んだ。思わずしゃがみ込んで膝を抱えた。

さっきまで居た、自宅にほど近い更地からは、数百キロも離れたところにある海岸だった。その風景に見覚えがあったのは、安東さんの本家が近くにあるからだ。

まるで夢の裡《うち》からこの現実に戻されたようではあるが、単に夢から覚めただけとは思われない。夢を見ていたとしても、こんな場所にいることには説明が付かないのだ。その前に居た場所から離れすぎている。いつの間に、どうやってそんな距離を移動したのか。まるで、気を失う薬を注《う》たれて某国に拉致されたかのようである。しかし、まんまと拉致しておきながらこんなに簡単に解放するようなことはあるまい。

それに、夢にしてはあまりに見聞きした感覚や味わった感覚がリアルであり、夢から目覚めたというよりは、瞬きをしただけのような、知覚と記憶の連続性がある。だから、魔性の者に連れ去られ、用が済んだのでここに飛ばされたような気がしている。

　叔父さんの情報を漏らしたその瞬間、本家の近くに立っている。そこから考えると、自信を持って繋がりを主張はできないが、本家と叔父なので親族という面でなんとなく関連性がありそうで、そして、その親族達を裏切ってしまったような後悔を覚えていた。

　イクサブロウ叔父さんに連絡するかどうか迷った。連絡先をスマホに入れてはいるものの、それほど親しいわけではない。幻のような出来事にあって心配だからというような現実離れした理由で連絡するのは気が引けた。

　しかし、異様な現実に直面しており、それと叔父さんの関わりは確実だ。迷惑をかけたのではないかという罪悪感がある。それで意を決して、スマホを取り出した。

　と、その途端、なぜか吐き気がして、スマホをとり落としてしまった。我慢できずにスマホの上に嘔吐してしまった。さっき食べた靴の破片は一見したところ見あたらない。しかし、吐瀉物の中になぜか口にしていないはずのムカデが見えた。それを目にしてさらに気持ち悪くなり、一旦収まっていた嘔吐が復活した。こんなに胃に入っていたのかと思えるほどに吐き出すと、気が遠くなった。

　気がついても、やはり、本家のそばの海岸だった。汚れたスマホをちょっと考えた後に海水で濯《ゆす》ぎ、重い足を引きずって本家を訪ねた。
結局、イクサブロウ叔父さんとは今も連絡が取れない。行方がわからないのだ。

三　掘り当てた太歳《たいさい》のこと

「これって、実は変なんですよね」と宇陀《うだ》さんが教えてくれた話である。

ある年の松の内のこと。宇陀さんの実家では暮れから三が日は本家の屋敷で過ごす。それは今も続いている。

この出来事は、元日ではないのは確実だけれど、寒かったし、親類が普通に集まっていたときで、おそらく二日か三日だと思われる。屋敷で、朝からおせち料理を食べてだらだら過ごしており、ではそろそろ昼のおせちかと考えていたところに、叔父さんがやってきた。本家のそばに住んでいる父の弟だ。

「太歳がとれたから、みんなで喰おや」と居間に入ってきた叔父さんは皆に呼びにかけた。

「お、そっちに出たんか」と、当主である祖父が少し驚いたような表情をした。が、すぐに皆に向き直って、今から出かけようと呼びかけた。

祖母も母も上着を羽織って、支度をしている。全員が外に出て、ちゃんと施錠していた。これには宇陀さんは、あれっ、と不思議に思った。外出するときは初詣などでも、全員では出かけず、いつも祖母や母は留守番をしていたのだ。帰ってきてから女性達は入れ替わりにお参りに行っていたので、こうやって家を空けるのは、初めて見た。それだけ、今から行うことは特別なことなのだと思った。

道すがら父に問うと、あまりよくはわからないけれど、今年は三が日の間に一族の家のどこかにタイサイが出るという入れ知恵をした者がいるようだ。が、誰が言ったのかや、そもそもタイサイとはなんぞやというのは父にはよくわからないようだった。が、松の内にみんなで見に行くのだからとても縁起の良いものに違いないとのことだった。

叔父の家に着くと、そこも立派な屋敷だった。しかし、その家には上がらず、一同は庭の方に向かった。といっても、庭がある裏まではまわらず、途中の側壁のそばで足を止めた。そこに穴が掘られており、その近くに人が揃っていた。穴を覗くと、薄黄色したものがあった。人の頭大の、敢えて言うなら球体に近い、でも小さな凹凸《でこぼこ》がある、見たこともないような奇妙な物体である。肉の塊を思わせるが、打ち身で内出血したときに患部が紫に変色し、その周りが黄色くなるが、そんな黄色をしていた。そんな表現をしたのは、それが病的な不吉さを感じさせたからかもしれない。

「ご本家が来たか」という声がして、それに応じた従兄弟がその肉の塊のようなものを穴からとり出した。

「ああ、これが太歳か」「へえ」「ひや」

と祖父をはじめ、皆も近くでそれを目にして珍しそうな反応をとっていた。

太歳は井戸のそばで水で洗われ、庭に出されたテーブルに置かれた。

と、それぞれが集まって、その太歳に手を伸ばし始めた。太歳を指で抓《つね》っては、肉片をちぎり取るのだ。そして、それを口に入れている。皆が食べ始めたので、宇陀さんもそれに倣《なら》った。

柔らかくて、指で抓るのも大して力は要らなかった。生き物っぽいけれど、千切っても血は出てこなかった。内臓や骨格もなく、ずっと黄色っぽい肉の塊が続いていた。穴から取り出したときは、切断面もなく、生き物の一部を切り取ったものとは思えなかった。だから、目や鼻はないがこれはこういう生き物のように思えたが、こうやってみると、保存用に加工された肉のようにも思えてきた。が、確信は持てなかった。

食べてみると、ちょっと酸味があるが、塩味の薄いハムのような味で、どちらかというと美味しい。だからだろう、あっという間に、親類で食い尽くした。

「今年は太歳が出るから、掘り出して食べると良いよと言われた」と話していた親類がいた。それに答えるように「ああ、じゃあ、福が来るな」との声も聞こえた。宇陀さんも、良いことがあるに違いないと、めでたい気分になった。

その年は特に良いことがあったようには思えなかったが、悪いことも起きず、無事であったので、それが福かも知れないと今になって思える。

ただ、当時は知らなかったが、調べてみると、太歳は歳星《さいせい》と言って木星のことで、十二年で一回りするから、暦の上でも重要な星であり、それに対応して地中を回るバージョンの太歳というものがあるということがわかった。割と有名な話なようで、簡単に記事に当たった。

また、現代でも、粘菌らしきものを掘り当ててそれを太歳だと騒ぎになったという中国での記事も見つかった。写真もあったが、それは昔、宇陀さんが見たものとは異なっていた。

そんな太歳について調べる中で、奇妙で、気になる点があった。

太歳を掘り当ててしまうのはとても不吉なことだという話ばかりなのだ。目撃してしまったために、一族が全滅するという話まであった。

いくつか見つかる記録の中に、食べたという記述は無い。確かに、そんな見ただけで死ぬようなものを食べるなどとは考えないだろう。だから、食べて大丈夫だったのかと少し心配にはなった。

確かに、タイサイと言っていたはずだが、もしかすると違う言葉だったのかもしれないと不安になった。それで、親類に当時の出来事を確認してみたところ、やはりあれは、タイサイと呼んでいたようだった。

ただ、見ると不吉という伝承とは異なるので、また、別の〝良い太歳〟があるのだろうくらいに思っていた。

……ではあるのだけれど、宇陀さん本人は気付かなかったが、指摘されて気付いたことがあるという。それは、現在、一族には宇陀さんより若い世代がいないことだ。宇陀さん本人も独身で、従兄弟達も結婚していても子宝に恵まれず、宇陀さん達よりも下の世代が一族にいないのだ。

それが太歳を掘り当ててしかも食べたことによる不吉なことなのではないかという指

摘であった。確かに、私などにはそう思えるけれど、宇陀さん本人は、こじつけではないかと笑っていた。いざとなれば養子を貰えば良い、と深刻さはないというのだ。これまでもそうやって一族を繋いでいたというのも上の代から聞いているので、珍しいことではないというのだ。

四　九月十四日の荷

榎本《えのもと》さんの家はかなり旧《ふる》い家柄で、遅くとも室町時代には行《おこな》っていたという風習が今も残っている。それは、九月十四日の日の入りから後に外出を禁じるというものだ。

榎本家の屋敷は、ある山の上に建っており、一族はそこら一帯の長といった立ち位置にあった。だから、習慣にも榎本家だけに伝わる特別なものもあるのだろう。麓の家全てに訊いたわけではないが、数軒に確認したところ、前述のような風習は無いので、榎本家だけのもののようだ。

そんな由緒正しい、長く伝わる習わしではあるが、榎本さんは小四の頃に、一度だけ、家族に隠れて九月十四日の晩に外に出たことがある。

屋敷どころか、敷地からも出たものの、特に変わったことは起きない。すっかり拍子抜けした。物足りなくなって少し山を下りようかと、榎本少年は家の前の道を下っていった。

と、突然、背後から音がした。ごとごとという重い音だ。振り返ると、今歩いてきた道の先に、荷車が見えた。木でできた、古さを感じるもので、言い伝えと関連がありそうな気がした。好奇心に傷をつけるような危機感と罪悪感が芽生えた。

しかも、それを牽《ひ》く者がいない。

急に何も無いところから現れた、勝手に動く荷車が恐ろしくて、道からそれて、偶々《たまたま》あった樹の後に隠れた。

荷車は一台だけではなく、どんどん続く。それらは列になっており、最後に来た荷車には、それを牽く子供の姿があった。当時の榎本さんと同じくらいの年格好である。が、学校にはそんな子供はいない。状況をも加味すると、この世の者ではないと思った。

荷車は山上から麓に向かっている。

そばを通り過ぎようとしていた最後尾の車の荷が見えた。それは、荷台一杯の、異常に大きな人間の頭部だった。巨人の頭と言って良いだろう。それがわかって、榎本さんは竦み上がった。

「これは見てはいけないものだよ」

いつの間にか荷車を牽いていた子供が車から離れており、耳元でそう囁いた。

そう言われた途端、榎本さんは血を吐いて膝をついた。顔を上げると子供はおろか、荷車の列もいなくなっていた。

「それで、その後もバチが残ったんやで」

と榎本さんは引き攣ったような笑顔を見せた。

しかし、そう言われてもどこも悪くないように見える。目が潰れているわけでもないし、目立つような傷も見当たらない。そう伝えると「わからんところがな」とだけ言って真顔になった。

私は首を傾げて「わからないところ?」を想像し始めたが、心を見透かしたように「それは言うべきことではない。他人が知るべきことでもない」と真顔で言われ、その表情と声にゾッとした。

五　〈儀式の話　1〉顔踏

　儀式の話、と大層なタイトルを付けたが、伺った話を記録するときに仮に「儀式の話」とジャンル分けした名残りであり、決まった服装や呪文や所作があるわけではないから、厳密には儀式を思わせる話である。ただ、直感的な分類のままに何やら儀式だと思ったことは理解してもらえるような話ではある。

　大谷《おおたに》さんのこの体験は小学校四年のときに遡る。父方の実家に帰省したとき、本家に出向くことになった。ラジオ体操はサボって、朝早くから向かい、朝ご飯もまだなので、空きっ腹だったことを憶えている。

　それまでも何度も本家の人と会ったことはあったけれど、家に行くのは初めてだった。実際に目にした本家は、分家である自分の祖父の家もこれくらい大きかったら良いのにと羨むほどの豪邸だった。

その日は儀式というか、ある行事に参加するということで、大谷さんと同年代くらいの子供達が集められていた。遠くに住んでいてあまり会ったことがない従兄弟もいたし、初めて見る親類もいた。

そこに集められた理由というのは何なのか気にはなっていた。父親に何をするのかを訊いても、着いてから本家の人に教えてもらえるとのことで、直接父親からは教えてはもらえなかった。話し好きの父親にしてはちょっと変だなと思えたが、そういうものなのかと深くは疑いはしなかった。

何畳になるのだろうか。旅館の宴会場くらいの広さがある畳部屋に子供達は集められた。

子供ばかりではなく大人もいた。

その中の一人が大谷さんに話しかけてきた。大谷さんは初めて会う人物である。二十代前半くらいに見える。皆はその男性をカズヤ兄さんと呼んでいた。そのカズヤ兄さんが大谷さんの担当のようだった。

その部屋に着くなり、説明が始まった。

すぐにあることをしなければいけないようだった。それを儀式と呼ぶことにする。先に着いていたものは、もうその儀式を終えていて、部屋の奥で朝食を摂っていた。その儀式が終われば、朝ご飯だ、と興奮すると腹が鳴ったのを大谷さんは憶えている。

儀式そのものは単純だった。

何人かで廊下を進んでいき、ある部屋のふすまを開けて、中に入ると布団に寝かされている人がいるので、一人ずつ入って、その顔を踏んで戻ってこいと言われた。それがここでいう儀式であった。

人の顔を踏むというのは、良い気持ちがしない。みんなに踏まれてぺちゃんこだから顔とは思わないよと言われもするし、そもそもやるべきことなので、自らを鼓舞して、カズヤ兄さんに付き添われて、他に四人の親類とその部屋に向かった。

ふすまを開けると、確かに布団があって、大人が入っているくらいの大きさに膨らんでいる。

頭がある位置には空気を抜いた浮き輪みたいなものがあり、そこには目鼻は見あたらないので、顔だとはわからない。そうではあるのだが、胴体から首に続いてその平たいものがあるので、顔なのだとわかる。確かに、言われた通り、平たく、薄くなっていると確認できた。それでも、それは顔なのだ。

命令されているので、恐る恐るそれを踏んだ。温かさが足の裏を伝わってくる。なんだかすごく悪いことをした感覚がある。

義務を終えて部屋を出ると、カズヤ兄さんからは行く前のどこかチヤホヤしたような態度はすっかりと失《な》くなり、まるで悪いことをした者に対するような態度で、さっさと行けと言われ、唖然としていると突き飛ばされ、廊下でたたらを踏んだ。

その日は、家には戻してもらえず、あの宴会場のような広間から便所以外は出るなと申し渡された。事実上の軟禁であった。三食ともオカズ無しで塩味が強い白飯の握り飯だけだった。

この奇妙な儀式についての話は、謂れなどを父も含めた親類に訊くことは勿論、思い出として語りあおうとしても拒否されてきた。そんなのは無かったと否定されるのではなく、あったのだけれど、それについては話してはいけないということだった。けれど、その禁も最近は無くなった。やはりあの儀式はあったよね、という話はするという。ただ、謂れなどは父にも伯父達にも伝わってはおらず、知らないとのことだった。

奇習の話ではあるのだけれど、この話の怪談的なところは、子供に踏ませる謎の〝人物〟の存在だ。作り物ではなく、生きていた。が、到底、人間とは思えない。ではなんなのだというのが誰にもわからない。

そして、その奇妙な人物は今はもう亡くなっているという。それに伴い、そんな儀式も今は無いし、そもそも、本家自体が無くなってしまっているのだ。

六　〈儀式の話　2〉　瞑唱

これは、ある呪文を唱えながら行う儀式についての話である。例えば、念仏であれば南無阿弥陀仏だし、お題目ならば南無妙法蓮華経であるが、そこまで書くと無関係なのに特定の宗教組織と関係していると勘ぐられてしまうようなリスクがあるので、ある呪文としておく。

鬼頭《きとう》さんの実家には、目を瞑《つむ》ってその呪文をずっと唱え続けるという祈祷法というか、そんな儀式が伝わっている。唱えているときは、絶対に目を開けてはいけないというのだ。もし、禁を破るとどうなるのか。それは、目が潰れてしまうというのだ。実際に、鬼頭さんは、子供の頃に唱えているときに興味本位から目を開けてしまい、右目は光を失ってしまっている。それは外見からわかるほどである。

そんな危険な行為なのに、子供にそんなことをさせたというのはよほどのことかと思われる。鬼頭さん本人はなぜそれをしたのか憶えていなかったが、両親に訊くと教えてもらえた。ただ、知ってどうするのだと最初は嫌そうに断られた。そしてそれは親類の間でのトラブルを解消するためであった。だから、私のような他人には詳細は言えないとのことである。そのようなトラブルの話はこの怪異の本質ではないし、これから書こうという怪異には関係ないので、ここまでとする。

また、儀式についても手を合わせて、〝何か唱える〟くらいに、大雑把に言って欲しいとのことだった。呪文に該当するものには、お経というか、念仏とかお題目とか真言《しんごん》とか祝詞《のりと》とか色々あるけれど、そういうのは秘密である。ただ、鬼頭さんが見たモノが興味深いので、そこを話したかったと言うし、私も書きたかった部分である。

そう。鬼頭さんが呪文を唱えているときに、目を開けてしまったと書いたが、そのときに目にしたモノである。

なぜか目の前に、それまでいなかった人が立っていたのだ。

最初は一緒に祈っていた両親のどちらかが気配を消して前に来たのかと思った。が、二人は横で目を瞑って呪文を唱えている。だから、いつの間にかそこにいた第三者である。誰なのかと反射的に目を向け、そして、注視していた。それで、はっきりと見たのだ。

その人物の風貌は異様であった。直感的にもおかしいが、異常に気付くと怖さを抑えられなくなって声をあげてしまったほどであった。

儀式は中止になった。

鬼頭さんは目に激しい痛みを覚えて、もがき苦しんでいた。

その謎の人物を両親は目にしていない。二人が目を開けたときにはそんな人物は鬼頭さんの前どころか、部屋にすらいなかったのだ。鬼頭さんからすると消えてしまったということになる。少なくともドアから出ていったのではない。戸は閉まったままである。だから、幻覚の可能性も否定はできない。ただ、謂れ通り、目を開けてしまって目に障りが出ているので、後で話を聞いた両親も、そういう禍々しい何かはいたに違いないと思った。

幻ではないとして、その、そばに立っていたこの世ならざる人物が誰なのかわからない。両親も親戚も知らない。目を開けると目が潰れるということだけが伝わっていて、誰かがそばにいるということは聞いていないのだ。わかることは、一緒に祈っていた両親ではないということくらいだ。他に人はいなかったので勝手に入ってきて勝手に消えた謎の人物である。

顔については、のっぺりとしていて目の部分に穴が開いている、そんな面を被っていたので、わからないというのもある。

ただ、その面というのが奇妙なのだ。上下が逆なのである。

上下逆とすると、おかしなところがある。顔は面で完全に覆われていて、口や鼻などは見えていなかった。それなのに、目の穴からギョロリと目が覗いていた。その目と鬼頭さんは目を合わしたのだ。

通常、逆さにした面を目の位置で合わせると、ずれができてしまい、鼻や口元が見えてしまう。逆に面の顎は頭のずっと上になるはずである。そうではなく、ちゃんと顔全体を隠すように面を付けていたのだ。だから、面の裏に隠されている顔も上下逆になっていると思える。

上下逆に顔がついた謎の者。それが願いを聞いてもらっている相手そのものなのか、そんな神のような存在にメッセージを伝える使者なのか。それとも儀式の決まりを破った者を罰する為だけに来ている存在なのか。それすらもわからないが、鬼頭さんには目にしてはならない者を見たという後悔が今もあるという。

七　〈儀式の話　3〉　混殻

この年齢になると、上の世代が少なくなっていくのを痛感する。それは自然の摂理であり、わかっていることとはいえ、残念であり、悲しいものである。言い伝えや、それに伴った怪異体験を知っている者の数も減るし、そんな奇妙な体験についてそれを子や孫に説明するような真相といえそうな知識を持っていてもそれも失われる。今後、そういう勿体ない例がもっと増えてくるだろう。特に、私からすると話を聞き易い同世代の人々についても、その親から言われた不思議なこと、教わった禁忌、それらの解釈や理由は、親やその上の世代から聞かないまま失われていくだろう。

とはいえ、訊いても理由は教えてくれないものも割とあるのではあるが。

黒岩《くろいわ》さんが小三のときのこと。当時、たまによくわからないお使いをさせられていた。

それは、ある神社に一人でお参りしてくるというものである。お参り自体はつらくもないし、嫌でもない。奇妙なことでもない。

ただ、お参りから帰ってくると、奇妙で、ちょっと嫌なことを必ずさせられたというのだ。

お参りは昼前に行くことが多かった。ただ、昼過ぎてからのこともあったし、夕方のときもあった。そのように行く時間は一定はしないけれど、どんなときでも、帰ると必ず、焼きそばが用意してあり、それを食べろと命じられたのだ。焼きそばといっても、麺はかん水の入った黄色い中華麺ではなく、色や太さから考えて、冷や麦を炒めて醤油とごま油で味付けしたものだった。

ご褒美のつもりかもしれないが、そんなに美味しくなかった。奇妙なことに、沢ガニが丸々入っていて、殻ごと喰えと強制されるのだ。そんなものは入れずに普通に作ったら美味しくなりそうなものなのに、と文句を言ったこともあるが、却下された。しかも、二杯を、それも残さず喰えと強要される。

元々、黒岩さんは大食いで、しかも食べ物を残すのは嫌いなので、食べるだけなら問題はない。それで、不味《まず》いという点だけを我慢して食べていた。

大きくなって、その当時のことを母親に問いただすと「ごめんね、ごめんね」などと謝罪するだけで、しつこく訊いたとしても「本当にごめんね」とだけしか言わず、何をしていたのか全く教えてはくれない。

八　ダルドリー・シッディな客

袈裟田《けさだ》さんが子供の頃、夕飯ができたという母親の声に従ってリビングに行くと、見知らぬ人物が座に着いていた。

母親は大事なお客さんだと言うのだけれど、何だか見た目が気持ち悪い。そんな失礼なことは口にはしていないけれど、袈裟田さんは嫌悪感すら抱いていた。

その客というのが、母親くらいの年代に見える女性である。浮腫《むく》んだような顔で目は皺の中に埋もれたように、凄く細い。おちょぼ口で唇を突き出したようになっている。頭はとても大きく、大人なのに赤ちゃんのような、頭と体のバランスをしていた。

その人と一緒に晩ご飯を食べることになった。両親と楽しそうに会話しているが、袈裟田さんはその話に加わらなかったので、何を話していたのかわからない。いつも大人同士が話していたらそうしていたので、おかしなことではない。

特に変わったことはなく、食事は終わる。

「ごちそうさま」

と、その女性は箸を置いて手を合わせた。と、正座したそのままの形で、その女性の体が、すーっと浮き上がった。異様な光景に袈裟田さんは唖然とした。

一方で、母親は「キタキタ」と嬉しそうにその女性の前を陣取ると、正座して拝みだした。手を合わせてブツブツと何かを小声で唱えていて、内容は聞き取れない。しかし、リズムというか節のようなものがあって、お経というか呪文のようなものだ、くらいはわかった。

父親はと見ると、苦い顔をしていたが、ちゃんと正座して手を合わせており、その奇行について何か異を唱えるようなことはなかった。

呪文をすべて唱え終わったのか、母親のお祈りが終わったみたいで、母親の口から何も発せられなくなると、その女性は合掌を解いた。すると、その体がゆっくりと降りてきた。浮いていたのは、体感時間で五分ほどだった。

降りてから、唖然としている袈裟田さんにその女性は、

「このことを人に言ったらだめだよ。言ったら、お母さん、死ぬからね」

ときつい口調で窘《たしな》めた。それは当の母親も聞いていたので、母親は心底恐れたような顔つきになった。

その女性はその晩、袈裟田さんの家に泊まってから、悠々と帰っていった。

袈裟田さんはこの話は長い間、誰にもしなかった。その出来事から四十年も経っており、母親はすでに亡くなっているので、話してくれたのだ。

その女性の名前は、お母さんもお父さんも何度も呼んでいたし、自分も呼んだ憶えはあるのに、現在、名前自体を全く憶えていない。思い出せないのだ。でも、知りたいと思わなかったので両親には訊いていないし、今はもう二人とも鬼籍に入っているので訊けない。

それだけ奇妙な人だけれど、ある霊能者の弟子であった。両親もその霊能者を支持しており、その弟子ということで大事な客として扱っていたのだ。といっても、師匠の方は、もう、教祖といって良いくらいなのだけれど、宗教法人として活動してはいなかった。タイトルにダルドリー・シッディと付いているが、空中浮遊のことを単にそう呼んでいるだけである。二十世紀末に毒ガス散布で世を騒がせた、あの宗教法人とは全く関係がない。

両親が所属する、狭いコミュニティでは崇拝されているような、そんな不思議な人の話である。

九　かわいそうな犬

小林《こばやし》さんが、友人の家からの帰り道に、ある家の前を通ったとき、その玄関先にとても変わった感じの犬が繋がれていたのを目にした。

大人の男の人が四つん這いになったくらいの大きな犬だ。足も長くて、顔の位置が当時の小林さんと同じくらいである。一方でその顔はとても小さくて、なんだかアンバランスに見えた。毛は全体的にフサフサなのだけれど、顔だけは毛は少なくて、つるんとした印象を受けた。それを聞いて私はボルゾイという犬種に似ていると思ったので、画像を見てもらった。が、似ているけれど、ボルゾイのように顔が長くはなく、ちょっと違うという。だから、ボルゾイが混じった雑種かも知れない。ただ、そうなると、異星人ぽさもあるような、人面をした犬を想像してしまい、薄気味悪い。小林さん自身がその犬に抱いた印象もまさにそうだった。

その家の人とは小林さんは交流がなく、住人の顔を知っている程度である。そもそも、近所づきあいはなく、会っても挨拶はしないのだ。小林さんが挨拶しても返してくれなかったという記憶がある。長髪の旦那さんと短髪の奥さんで、田舎に憧れて都会から移住してきた人達なのだと後々知った。

その家の住人はともかく、それまでは飼われていなかったその犬には興味を覚えて、小林さんは立ち止まって眺めていた。

小林さんに気付いたようで、その犬はこちらに顔を向けて、心持ち、顔をあげた。と、その場で、ちょっと四肢に力を入れると、ジャーと小便を垂れ流しだした。

え？　と驚いていると、小便はなおも流れ出ていた。

全然止まらない。止まる気配もない。もう水浸しで、イヌの足が小便に浸かっている。

と、その犬は完全に人間のような顔つきになって、助けてと言い出しそうな表情で、情けなく鳴くと、前足を曲げるようにして、前のめりに倒れた。

その異常な出来事に小林さんは怖くなって逃げだした。

信じられない体験である。

次に見たときは、数日経っていたが、犬小屋ごと犬はいなくなっていた。

その出来事と関係あるかどうかわからないが、その家には多くの人が出入りするようになった。よく当たるという霊能者を教祖のように支持する人々の集会所になったのだ。その霊能者というのが、前話で出てきた宙に浮く女性の師匠に当たる人物である。

前話の袈裟田さんと、この小林さんは知り合いではない。ただ、二人が住んでいる地域は同じである。

十　車輪を回す

沢村《さわむら》さんは、物心ついたときから、鬼が見えていた。それが見えない者もいるので、超現実的な存在なのだが、あまりにも自然に見えていたので周囲では自分にしか見えてないのだということを長く気付かなかった。

見える鬼は小人サイズだ。餓鬼《がき》のように腹が膨れており、手足は痩せ細っている。角の生えた小さな餓鬼。そんな異形が、いつも日常の一部として自分のまわりにつきまとっていたのだ。

餓鬼のようなものとは別に、この世ならざるものも見えた。あるとき、首のない人がいつの間にかそばにいることに気付いた。そのグロテスクさにゾッとして、そばにいた親に伝えた。

「ああ、お前にも出たのか」

親は落胆したような表情を浮かべた。両親には見えていなかったようだけれど、沢村さんの一族にはそんなものが見える人物が生まれてくるので、ああ、こいつはそうなのかと思ったのである。これは苦労するぞ、と。

その一族ではそのような霊が見える者は、霊が敵対的な存在として見えるし、しかも、つきまとわれもするので、日常生活から負担が大きい。それで大抵は、ある寺に預けられて、見なくする修行をしていた。沢村さんもその寺にあずけられたのだけれど、残念なことにその技は身につけられなかった。だから、十代のときは、この世のものではないモノの姿だけではなく、それらが発する音も聞こえたので、満足に寝ることができず、自律神経失調症になっていた。

二十代になってもその状況は好転しなかったけれど、縁があるのだろうか、スピリチュアル系雑誌の編集部に就職した。そのときに知り合った女性霊能者に、話してもいないのに苦境を言い当てられた。

そして、それを直せるかもしれないと提案してきた。沢村さんがいくら修行しても改善しなかったのは、能力がないせいではないというのだ。実は、沢村さんの足下には、地獄に通じる穴が開いていて、そこから餓鬼やら悪鬼などが出てきているという。だから、見えなくするだけではダメなのだ。それに自分も害を受けるが、周囲にも迷惑がかかるので放っておかない方が良いと言われた。まずは、それを塞ぐことが先だと諭された。

それを聞いて、沢村さんは改めて足下に意識を向けると、確かに穴が見えた。現実的に存在して人が落ちるようなものではない、あの世のものだった。

それで、その霊能者に頼んで、まずはその穴を塞いでもらった。そのためには何度もその人の元に通った。

その後、霊を見えなくする訓練もしてもらった。コップにミネラルウォーターを満たし、そこに龍を念じて出すようにするというものだった。龍が出るようになると、その龍を別のコップに移す練習をした。それができるようになると、それまで感じていた異形を自在に見たり見えなくしたりできるようになっていた。

それらの話はファンタジー色があふれて、楽しさすら感じる体験ではあるが、あくまでも、沢村さんの主観的な出来事であり、地獄への穴やそこから出てきたもの、念で作った龍なども客観的な証拠やその痕跡も無い。意地悪な見方をすると、ハマるほど好きなフィクションの影響があるようにも感じられる話である。が、そんな能力に関連して沢村さんには見えるあるものについては、他の人にも認識できたものがあったのでご紹介する。

霊以外に、車輪が見えるというのだ。それはチャクラが見えているのだという。チャクラとは、サンスクリット語で輪や円を意味していて、インドの神秘思想に由来する気というかエネルギーの流れが人体には存在し、その流れの上にあって、そんな気やエネルギーが集まる場所のことだ。スピリチュアルだけでなく、ヨガでも使用する言葉だから説明は要らないくらいのポピュラーな単語ではあろう。

沢村さんには、人を意識して眺めたときに、一個だけ大きなチャクラが見えるという。所謂《いわゆる》チャクラは体軸に沿って六ないし七つあるというから、それらと同じものではないかもしれない。チャクラと表現しているが、それとは別かもしれないし、代表して一つ見えているのかもしれないが、とにかく沢村さんには、ヒトには大きな車輪が一個見えるというのだ。

その車輪は回転している。回転が弱まると、その人は元気がなくなる。そんなとき、沢村さんが、手でそれを回してあげると元気になるというのだ。沢村さん自身の車輪も見えていて、自分で回して元気になることもできる。

その話を聞いていた周囲の人はあまりに奇妙な話なので信じていなかったが、あるとき、イベントの準備で品川《しながわ》さんという同僚がヘトヘトに疲れていた。品川さんは非常に珍しいタイプで、沢村さんが見るに車輪が三個も付いていた。そのどれも回転が弱々しくなっている。

もう疲れ切っていて、顔色も悪く、歩くこともできないくらいだった品川さんの車輪を沢村さんは三つとも次々に回していった。そんな空中の架空の車輪を回すような動きをしていて、体をさすったりしたわけでもないのに、品川さんの顔色がみるみるうちに変わっていく。普通ならそんなに早くは治らないけれど、三つもあるから効果が三倍なのだ。

顔色はすっかり元通りで、溌剌《はつらつ》と歩く品川さんを目にした同僚達は信じざるを得ないと目を丸くしていた。

十一　絶望→希望寺院

（条件）

中部地方。高速のインターから離れている。

周りには家は一軒も無い。

山の上の小学校。フェンスなどが無い（車は運動場に駐められる）。三階建てで横から見てL字型（二階建てが基本で、一部に三階が載っているという感じ）。

一階から二階へあがる階段に注連縄《しめなわ》。二階と三階の間にも注連縄。三階の廊下の突き当たりのドアを開けると、がらんとした広い部屋。そこにびっしりとお札。


怪談が大好きな鈴木《すずき》さんは、〝怪談のシーハナ聞かせてよ。〟という番組で見た〝廃校〟という話がとても気に入っていて、動画配信サービスでも何度も再生させていた。〝廃校〟はその番組のレギュラー出演者である怪談社のお二人が掛け合いで語られた話であり、その内容もかなり興味深いので、鈴木さんの気持ちはよくわかる。ただ、彼は好きが高じて、とうとうそこへ行きたくなってしまった。

〝廃校〟に関する体験談は〝怪談のシーハナ聞かせてよ。〟だけではなく、二〇一四年刊行の『怪談社　辛の章』（伊計翼著：竹書房文庫）にも掲載されている。正確にはそこでの遇怪譚は、〝廃校〟から〝絶対に書かないで〟までの十三話に亘って記されている。それらからわかる情報が前述の条件であった。

鈴木さんはその条件に当てはまるところをサーチしてみた。そして、位置と建物の形状が合っている物件を見つけた。マップ上で確認すると確かに、中部地方で高速のインターチェンジからは離れている。山の中にあって、周囲に民家は無い。ストリートビューはできなかったがグーグルアースで見ても大きな建物であることがわかった。

その情報を頼りに出かけてみた。実際に行ってみると、それは三階建てだった。空き地もあるが、運動場を思わせるトラックや鉄棒などは見当たらない。それに、塀の跡があった。以前はその塀で敷地を囲っていたように思えるのだ。

わざわざ来た憧れの聖地だったが、条件に合わないような特徴を目にして、もしかするとあの〝廃校〟の地ではないのかもしれないとの危惧が芽生えてきた。

よく見ると三階部分は半分くらいあって、二階までしかない部分と長さは同じくらいだ。ひいき目に見てもL字型ではない。しかし、建物の作りは小学校を思わせた。窓の並びが教室を思わせるのだ。

不安を膨らませながらもエントランスの前までやってきた。看板が目に入る。

「宗教法人　絶望↓希望寺院」

宗教施設？　学校ではなく？　とその看板が信じられなかった。見れば見るほど学校なのだ。

もしかすると、今は宗教施設として再利用されているのかもしれない。いや、厳密には今はではない。廃校が宗教施設として利用され、そしてまた廃墟となったのだ。というのも、エントランスのドアはどこかに行っており、現在利用されているとは思えなかったのだ。

あの〝廃校〟がリフォームされたものに違いない。三階部分も増築したのだ。そう思って、足を踏み入れた。

入ってみると、異なる点に気付いた。話だと木造で床は最新の床材とあったが、木造ではなかった。ただ、リフォームしていたらその限りではない。そんな希望的観測というか、ここではなかったという事実を認めたくない気持ちからのささやかな抵抗というか、そんな考えで足を進めた。

異常な造りに気付いた。

すべてが教室なのだ。怪談社さんの本には、理科室、職員室などの表示があると書かれていたが、そんなものはなく、全部教室である。

宗教法人として説法などの教義についての話を授業形式で行う斬新なスタイルを持っていたのではないかと思える。そのために教室をそのまま使っている。そうに違いない。

……とは思うのだけれど、教室しかないのは変だ。三階建てで、一つの階に六教室あった。というか、その六教室しかなかった。トイレも無いし、職員室も無い。リフォームして教室だけにしたとしても、音楽室や理科室はともかく、トイレや職員室は残すのではないか。狂気というか、異質な感性に触れて鳥肌が立った。

その教室にしてもどれも新しい。黒板はまっさらで何も書いていないのかもしれないと思える。傷も無いし、書いたのを消した跡も見えない。そういえば、チョークや黒板消しも残っていない。リフォームしたとしても一度も使わずに放棄したようでもある。

何があったのだろうか。

不審な点はあるものの、探検が進むにつれ、本にあったように階段の注連縄は無いし、屋上近くにもお札いっぱいの部屋も無いので、そんなに恐ろしいものではないと思い直してきた。何より、話とは違って、建物を出ようと思ったらすぐに出られたのだ。

結局、あの〝廃校〟の舞台ではないだろうけれど、これはこれで変なところだったなぁ、という体験で終わる……と思っていた。

しかし、ちょっと奇妙なことがあった。

あの看板にあった名前が気になって、鈴木さんはウェブ検索してみた。すると、絶望↓希望寺院という施設や法人はヒットしない。だから、宣伝活動はおろそかなのか、敢えてしないのか、敢えてしないならば、秘密の組織だろうかと思えた。確かに、ちょっと行きづらいところにはあったが。秘密の組織であったら面白いけれど、もう潰れたものっぽいので、過去の存在になってしまっているように思えた。だからあれは面白い観光だったと落胆半分、安心半分だった。

しかし、それからしばらくして、鈴木さんの部屋を訪ねてきた弟が、奇妙なチラシを手にしていた。見ると、絶望↓希望寺院と書かれている。ここへ来る途中、結構強引に手に握らせてきたというのだ。しかし、そんなチラシを受け取ったという話は他の人からは聞かない。

狙っての行動だから、鈴木さんの弟だとわかった上で渡したと思えるのだ。絶望→希望寺院の関係者が、鈴木さんが廃墟に入ったのでこんなことをしたように思える。もし、そうだとすると、あの廃墟には誰も居なかったのに、どうやって鈴木さんがあそこに行っていたことを知ったのか。そしてここに住んでいることもなぜわかるのか。さらに、弟まで認識できるのか。

疑問としてあげるならそうなるけれど、鈴木さんには絶望→希望寺院はしっかりと鈴木さんを認識していて、その住所や家族まで把握済みであるような気がして、危害を加えられるのではないかと不安になった。

幸いにもそれ以来、弟も鈴木さんもチラシを渡されることはない。だから、警告だったのかとも思える。

それに、あの廃墟も今は建て替えられて全く関係がない団体の施設になっている。

ただ、ときたま、迷惑メールのフォルダを見たら、絶望→希望寺院からのメールが入っていることがあるのだ。開けずに削除しているけれど、気持ちいいものではない。

このまま放置すれば諦めるか忘れてくれるのだろうと（希望入りなのは承知しながら）思っているとのことだった。実際に絶望→希望寺院の関係者を名乗る者も、そう思われる者も会いに来たことはない。

そう言っていたが、現在、鈴木さんは店を畳んでしまっていて、連絡もつかない。コロナ禍で経済的に苦しかったのだろうとは思うが、非常に心配である。

十二　ブクブクブクブク

セイジさんは、ときどき金縛りに遭うが、そのときには大抵耳鳴りがする。金縛りのときは目を瞑っているから、何かを見るわけでもないけれど、その耳鳴りがとても不安にさせる。セイジさんに限らず私の場合も、起こりうる生理現象の範囲内ではあるが横になったときに金縛りに遭うし、金縛りにはならなくても耳鳴りだけすることもあるので、その誰にも頼れない条件下での体のちょっとした不調による不安な感覚はよくわかる。

セイジさんの場合はさらに、起きていても耳鳴りがすることがときどきある。金縛りのときと全く同じキーンという耳鳴りだ。

あるとき、友人二人と居酒屋で歓談していた。そこに、やっと都合が付いたといってソノコさんという女性が遅れてやってきた。彼女が席に着いたと思ったら、突然、耳鳴りがした。他の三人も驚いている。実は、彼らも同時に耳鳴りがしていたのだ。

「うわっ、耳鳴りだ」

「うそ、きみも？」

という感じで起きているときには珍しい耳鳴りが一斉にしているようなのだ。後で訊くとその三人ともわりと耳鳴りがすることがあるという。そんな耳鳴り友達とでもいうのだろうか、少し変わった体質の四人が奇しくも集まっていたのだけれど、一方で四人ともそんなキーンという音を耳にしているのだから、実際にそんな高い音が鳴っていた可能性もある。

「あれ、他の人は違うんだろうか」とセイジさんが少し離れたところの客に目をやったがそんな騒ぎにはなっていなかった。

そんな中、向かいに座ったソノコさんが目を丸くしているので、その視線を追ったがそこには特に驚くようなものはなかった。が、ソノコさんの視線は移動していく。何か動く物を目で追っているようなのだ。

そのソノコさんに見えていたというモノは、軽自動車くらいもある真っ黒な肉の塊で、テーブルなどの物体を無視して、そばを通り過ぎていく。あまりの不気味さに目が離せなかったのだという。勿論、その間中、耳鳴りがしていた。そして、さらに通り過ぎていく後姿にも驚いた。そこに口があり、巨大な牙が数本覗いていたのだ。

その話を聞いて、後の三人はゾッとした。巨大な肉塊は見えないながら、彼らも別の奇妙なものは目にしていたのだ。それは、その肉塊がそばを通っていると思われる間、ビールやハイボールのような炭酸を含む飲料がブクブクと泡立っていたのだ。それはソノコさんも目にしていて、肉塊がそばを通ると、炭酸飲料から気泡が湧き上がっていたというのだ。

言われてみれば、何か高温の物が近づいたので、飲料も温度が上がって煮え立ったという感じである。しかし、熱さは全く感じなかった。だから、炭酸が気泡をあげたのは温度のせいではないと思えた。

試しにそうなったものを飲んでみると、炭酸が抜けている。だから、やはりあの泡立ちは幻ではなかったのだと思った。

その炭酸飲料から気泡が湧き上がるのは、耳鳴りはしていない他の客も体験しているようで、気味悪がっていた。そして、店員はというと、何か言いたげに騒ぎを見ていたが、実際に訊いてみると何が起こっていたのかわからないし、原因などもわからないと言い、実は真相を知っているのかも知れないが、そうだとすると決して白状しないという風にも見えた。

その後、そこは閉店していた。それで、あの奇妙な出来事はあの店というか、その土地だけにある因縁めいたものだろうとセイジさんは思っていた。そして、次にまた別の飲食店が入ったらあれが起きるのではないかと期待していた。が、次に見たときには、そこには学習塾が入っていた。生徒が炭酸飲料を飲んでいるときにあれが来るようなことがあるかもしれない。しかし、それを確かめるのは手間がかかりそうで諦めていた。

そんな〝油断〟していたときのこと。今度は駅であの耳鳴りがした。そして、ちょうどその場にいたソノコさんにだけ見える黒い肉塊がやはり出現した。それはホームやレールを無視して通り過ぎていった。

その場にはセイジさんとソノコさんだけでなく、あの四人が集まっており、皆が耳鳴りしていた。そのことから実は、その不気味な肉塊はあの店に因縁があるのではなく、セイジさんとソノコさんを含むあの四人が居合わせたときに出現するのではないかと思われた。ただ、その後も、電車に乗ってそろって飲食店に行ったがそこには現れなかった。

その四人が集合したそのときにあの黒い物が来るのかも知れない。それは不思議で興味深い考えではあるけれど、確かめるには至らなかった。あの耳鳴りは嫌だし、なんとも不吉な気もするので、そんな検証のためだけに四人で会うというのはどうかと、メンバーの中で意見は割れた。そんなことを言っているうちに、その四人の中にはソノコさんとその彼氏がいたのだが、喧嘩別れしてしまい、もう確かめられなくなったという。

十三　阿修羅と蜥蜴人《とかげ》

田治見《たじみ》さんは気付くと金縛りになっていたという。それは初めての体験であり、ひどく動揺した。話には聞いていたが、意識はあるのに、本当に体が全く動かない。頭すら動かせないのだ。金縛りになる人は子供の頃からなると聞いており、もう四十歳になろうという自分には関係のない現象だと思っていただけに、とても意外だったという。

個人的な、肉体的な変調のせいだとは思うのだけれど、隣で寝ている妻と三歳になる息子が心配になった。それはどこか不穏な空気を感じとっていたからかもしれない。

天井近くの空中で、何者かが意味不明の言葉で言い争っているのに気付いた。黄色く弱い明かりの中なので、それが豆球の光だとわかる。だから、夢ではなくてちゃんと目を開けているのだと思うのだけれど、思い返してみると、そこは怪しい。寝ていて頭を動かせない状態だと、天井のその位置の光景はぎりぎり目にできるかどうかである。それにも拘わらず、ビジョンというか、それを見た記憶の画像は鮮明なのだ。

それは置いておいて、見えたものが異様だった。

言い争っている二者の一方は、蜥蜴を思わせる、巨大な目と裂けたような大きな口をしていた。頭髪は生えておらず、細身である。この解釈を口にするのはちょっと恥ずかしいが、所謂レプティリアン、爬虫人類である。とすると、鱗がありそうだけれど、暗くて鱗の有無だけでなく色もわからない。だから、単に大きな目で大きな口をした何かであって、レプティリアンというわけではないとも言える。

もう一方は、腕が六本ある、阿修羅《あしゅら》みたいなものだ。細身のレプティリアン（のようなもの）に比べて、こちらはムキムキと骨格筋が発達していた。服装からしても、阿修羅のようなものというよりは、仏像として目にする阿修羅そのものだった。

その阿修羅みたいなやつが、田治見さんのそばまで降りてきた。そして、田治見さんの頭を掴むとすうっと中身を引き抜いた。いわゆる幽体離脱と同じ状態に強制的にされているのだ。ちゃんと、頭を掴まれている感覚がまだある。そして、目を見開いている自分を見下ろしている。だから、幽体というか、意識のある本体というか、中身を掴み出されていると思えるのだ。そして、このまま魂を持っていかれるような恐怖が湧き上がっている。

と、レプティリアンがそばに来た。それを目で追うと、阿修羅に耳打ちしている。険しい表情をした阿修羅は、田治見さんの頭から手を放した。幽体になった田治見さんは解放された感覚があった。

体に戻ったようで、視界は変わって天井を見上げていた。ただ、体は依然として金縛りに遭っていて動かせない。

あの二人は、言い争いを再開している。けれど内容はわからない。言い争いはヒートアップしたようで、とうとう、殴り合いになった。

阿修羅はたくましい肉体をしており、腕の数も三倍あるけれど、レプティリアンがその攻撃を巧みに捌《さば》いて、阿修羅の顔面や鳩尾《みぞおち》に強い打撃を与えている。急所に連打を浴びたようで、阿修羅は床に落下した。

見えないけれど、阿修羅が起きてくる気配は感じられなかった。

レプティリアンは田治見さんに顔を向けた。目が合ってハッとする。レプティリアンは、先が二つに分かれた舌をチロっと出した。生理的に怖くなって、うわっと思ったが、金縛り中なので声は上げられなかった。

レプティリアンはかき消すように見えなくなった。

ハッと我に返った田治見さんは体が動くのに気付いた。上体を起こして周囲を見たが、床に倒れていると思っていた阿修羅もいなくなっていた。

自分が見たモノが信じられない。まるで夢のように荒唐無稽である。寝ぼけていたのかなあ。それにしても、レプティリアンと阿修羅だなんて。と、馬鹿馬鹿しくなってクスっと笑ってしまった。

が、気配がする。ハッとして、そちらに目を向けると、三歳の息子が布団から上体を起こして、こちらを黙って見ていた。顔はこちらに向いているが、目はうつろでどこにも焦点が合っていないようだ。その姿が我が子ながら、不気味だった。

「どうしたの？」と恐る恐る尋ねると、

「大丈夫。オバケは死んだから」

と言う。今の光景をこの子も見ていたのだと思った。それに加えて、妙にしっかりした口調に田治見さんはギョッとするが子供はコテンと倒れるように横になった。はっきりと喋ったのが嘘のように寝息を立てている。すっかり興奮してしまった田治見さんはもう眠ることができず、リビングで朝までＤＶＤを見ていたという。

奥さんは完全に寝ていて、そんなことがあったなど後で訊いても全く知らない。というか、大人にもなってレプティリアンって、と馬鹿にされた。

息子さんには、次の日は勿論、大きくなってからもその夜の出来事について訊いてみたが全く憶えていない。

十四　尾《つ》いてくる女の子

視線を感じていると思えることは確かにある。

あれは何を感知しているのだろう、と思う。目から光が出ているわけでもないし、それ以外の何かも放射する機構などは持ち合わせていない。それに、そんな謎の放出体を感知するセンサーというか、感覚器も持ち合わせていないだろう。

しかし、ある方向に目を向けると確かにこちらを見ている者と目が合うのだ。だから、やはり見られていることがわかるということになる。

単に自意識が過剰で、常に見られていると思っており、それでよく背後を含む周囲に目をやっているので、そのときに偶々《たまたま》こちらを見ている者と目が合っただけという考えもある。目が合わない体験は記憶に残らないのと比べて、目が合うとやっぱりなと強く記憶に残ってしまうということだ。自意識過剰に周囲を見回しているかどうかは自分ではわかりにくい部分ではあるが、そうだとするともっと視線が合う頻度は高そうだし、実際にキョロキョロしているぞと注意は受けていないから、この解釈も全てを言い表していないと思われる。何か、見られているというのがわかる仕組みがあるのだろう。例えば、周囲の人々の動きの違いから感じ取っているとか。

そんな視線の知覚も含まれるとは思うけれど、〝尾けられている〟というのも気付くものである。

チュウヤさんは駅からずっと小さな女の子が尾いてきているのに気付いた。

振り返るとその子がいる。

こちらが立ち止まると向こうも立ち止まり、逆に近づくとその分下がっていき、一定間隔を保っている。大きめの声で話かけても聞こえないかのように、反応しない。距離はあるけれど、聞こえないほどではないのだ。だからこちらの問いかけには気付いているが、無視しているように思える。そのくせ、歩き始めると同時に歩き出して、尾いてくるのだ。だから、ちゃんとこちらの動きを見ているのは明らかだ。

一体、何者なのか。知らない者だし、だから、尾いてこられても、身に覚えがない。子供だから暴力に訴えてくるような危険性は感じないけれど、でも、薄気味悪い。いや、その子はサイズこそ子供だけれど、子供のあどけなさなどない小さな成人という感じなので、却《かえ》ってそんな小人型妖怪のようなものに取り憑かれそうな不気味さがある。

このまま家まで尾いてこられてはかなわない。どうしたものか……。

良い考えが閃いて、チュウヤさんは駆け出した。公園が目に入ってくる。そこに設置されている公衆便所に逃げ込んだ。男性用のトイレにまでは入ってこられまい。そう思ったのだ。

ホッとして顔を上げると、奥の薄暗い壁際に、あの女の子がいた。

後にいた者が前にいる。抜き去ったわけでもないのに。

まさかという、意表を衝かれた驚きは大きく、まるでリミッターが切れたようにチュウヤさんはその子に背を向けて駆け出した。夢中で走り、疲れて足を止めると、息がすっかり上がってしまっていた。膝に手を当てて、俯《うつむ》いてはあはあと荒い息を吐いた。

ちゅうちゅうと変な音がした。

音は足下からだとすぐにわかった。見ると、あの子が足下に蹲《うずくま》っており、チュウヤさんの右足首を吸っていた。

めまいがして一瞬、意識が飛んでいた。

我に返ると、あの子の姿はなかったが、右足首がとても痛み、血が噴き出していた。血は止まったが、その日からしばらく、なぜか右の白目が真っ赤に充血していた。

十五　大きすぎる月としもべのような犬

ずっと気になっていた子と念願のデートに行った帰り道、良い気分だったので九十九《つくも》さんは敢えて徒歩で家路についていた。

そんな上機嫌に水を差すように、変な胸騒ぎがして空に目を向けると、大きな月がある。

大きすぎる！　と思った途端、月の陰から巨大な顔がにょっと出た。

大きな目をした四十歳くらいの日本人男性だ。肉の質感がなく、イラストのような顔で、見覚えの無い人物である。知っている人物であっても、月の後から顔を出して、しかも、それが月を基準に考えると巨大であるとわかるなら、もうそれは異常なことであり、幻覚をこんなにも堂々と目にしていて、とうとう自分は狂ってしまったのだと恐ろしくなった。しかし、一方でこのように狂っているのだと客観的に現状を捉えられるなら、狂ってはいないと思える。狂人には自分が狂っていることはわからないのだ。狂ってはいないとすると、こんなものが現実にあるということになり、それは自分の知識や経験から構築した世界観や常識の崩壊を感じて、それはそれで恐ろしい。……後から、そのときの気持ちを思い返してみると、そこまで整合性を持って意識はしていないけれど、おそらくそのような判断や解釈を背景にして、恐ろしさと驚きのあまり、唖然としていたという。

と、突然、野良犬が二匹、吠えながら道の向こうから突進してきた。襲いかかってくる、と危険を察した九十九さんは慌てて背を向けて逃げ出した。

吠える声が間近まで来ていて、もう追いつかれてしまう！　と冷や冷やする。

右のふくらはぎに痛みを覚えた。まるで、丸太みたいなものをぶつけられたような感覚だ。

前のめりに転倒していた。体や顔を咬《か》まれる！　と恐怖し、体を丸めたが、牙が身に食い込んでくるような衝撃はなかった。

犬は消えている。けれど、右足は痛んで立ち上がれない。ズボンは破れておらず、後からわかるが咬み跡はなかったけれど、実は肉離れを起こしていた。それでも、足が痛むことには変わりはない。両手を突いてなんとか起き上がろうとすると、月が見えた。普通の大きさで、よく考えるとさっきの変な月とは反対の位置にあった。あれは月じゃなかったのだと思えた。では何なのかと考えても答えは出なかった。

なんとか足を引きずって帰ったが、一ヶ月間はまともに歩けなかった。

十六　赤い風船の少女

その日、テツヤさんは彼女と待ち合わせていた。ある公園の噴水の前というのが待ち合わせ場所だった。

いつも彼女は遅くとも約束の五分前には到着していた。一方のテツヤさんはいつもぎりぎりだった。それは相手を待たせても良い立場にある自分に酔うようなつまらない優位性であり、また、どこか甘えている部分もあったので、それでは良くないと心を入れ替えて、その日は早めに行動をしていた。

公園が見えてきた。スマホで時間を確認すると約束の七分前である。彼女が来ているのかどうか微妙だった。それで、そのまま電話をかけた。

彼女はすぐに出た。

「今、公園のそば」と伝えると嬉しそうな声が返ってきた。

「ホント？　（こっちは）さっき着いたとこ」

そうか、もう来ているのかと、テツヤさんは足を速めた。通話はしたままである。

公園に入った。噴水が見えるのだが、彼女の姿が無い。

「あれ、どこ？」

「どこって、噴水のとこ」

「うそぉ。今、噴水まで来たで」

「うそ？」

テツヤさんには彼女の姿は見えない。彼女がからかっているようには思えない。奇妙だけれど、どうやらお互いに見えないようなのだ。

「子ども、おるやんな」

テツヤさんから手が届く距離に赤い風船を持った女の子がいた。テツヤさんの言葉が聞こえたようで、少女はこっちを不思議そうに見ている。

「あ、女の子。赤い風船を持った」と彼女の声が電話からする。

「そう！　その子！」

「ふざけてる？　もしかして、隠れて見てるの？」

「ちゃう。ちゃんと噴水の前や」

「女の子もすぐそばよね」

あまりの不可解さに、え？　とテツヤさんはスマホを耳から離すと、彼女が目の前に浮かび上がった。少しだけずれて、彼女も電話を耳から話すと、こっちをビックリした目で見ていた。

電話をかけながらだと見えなかった……のか。荒唐無稽《こうとうむけい》というか、おかしな考え方だと思うのだけれど、そばにいるのに電話で話していたのが、いけなかったのか……とお互いに思ったという。

この話を聞いて、研究者にはドライな者が多いので、不仲ではないけれど、真後ろに座っている相手と、声も出さず互いの姿に目も向けずにメールで会話している姿を何度も見ているから、そばにいる者と電話するくらいで何かあるなんて……と私も訝しんだが、テツヤさんはそんなちょっとした人間性の希薄さに罪悪感を持っておられるのかもしれないとその立派な人間性を尊重して、余計なことを口にするのは遠慮した。

ただ、その女の子はどうしたのかと訊くと、二人とも相手が見えた瞬間に、風船ごと消えていたという。

十七　黒い蝶から逃げろ

早朝のランニングを日課としている鳥谷《とりたに》さんは、そのトレーニングの終盤はクールダウンのために家までゆっくりとしたペースに落とすことにしていた。要は歩くわけだが、そんな歩調で公園のそばを通ったとき、倒れている人を目にした。

あ、南原《なんばら》さんじゃないか。

倒れているのが、友人だと気付いて、駆け寄った。

そばまで来て、鳥谷さんは目を丸くした。南原さんではなかったのだ。全く知らない人で、髪型も顔の輪郭も目鼻立ちも、体型すら似ていない。なぜ南原さんと間違ったのかと自らを訝しんだ。

南原さんならば、こんなところで倒れているのは体の不調だろうけれど、そうではないこの人物は単に酔っ払って寝ているだけかもしれない。助け起こすようなことではないかもしれない。むしろ、余計なことをするなと暴力を振るわれるかもしれない。一方で、実際は救助が必要なほどの不調であるかもしれない。それで、行動を迷った。

やはり、大丈夫ですかと声くらいはかけるべきだろう。そう思い至って、身を屈めると、その人物は急に目を開けた。寝ぼけ眼ではない。しっかりと鳥谷さんの目を見据えていた。その眼力に鳥谷さんはたじろいだ。

「黒い蝶から逃げろ」

その人物は言い聞かせるように鳥谷さんに語りかけた。

黒い蝶から……逃げろ……。

鳥谷さんはその意味を図りかねて、返事もできずにいると、風を感じた。

見ると、無数の蝶が飛来しており、その人物に群がって、あっという間に覆い尽くした。その様が恐ろしくて、鳥谷さんはその場を逃げ出した。

走りながら思いが巡った。黒い蝶から逃げろと言っていたが、黒い蝶などいただろうか。白い蝶ばかりだったような気がするのだ。

振り返ると、白い蝶の群れがあった。黄色は混じっているが、このわずかな時間で見た限り、黒は見当たらない。不思議なことに、蝶が群がっているのは、地面のように見える。その下にあの人がいるのかと思ったが、それにしては薄っぺらい気がした。けれど、また背を向けて逃げたので後はわからない。別にその後、蝶に追われるようなことはない。それに、黒い蝶を見かけたことはあるけれど、特には何も起きてはいない。

ただ、黒というのは体の色ではなく、邪悪なものを黒と表現したものではないかという気がしている。

十八　死んだらバナナが生えます

韮沢《にらさわ》さんは中学生のとき、初めて首吊り死体を目にした。

死体そのものを見たのも初めてであり、記録映像ではなく直接見てしまったことがショックだった。死を悼むべきであることは頭ではわかるのだけれど、本能的に恐ろしく、また、忌まわしく感じた。もし自分が死んで、そのように気持ち悪がられたり、汚《きたな》がられたり、オバケ扱いされるのは嫌であることはわかる。自分の愛する者がそう思われることはもっと嫌だった。そうではあるのだけれど、初めて死体を目にした衝撃というのは、そんな理性を吹き飛ばすような強い刺激を、脳の扁桃体のような意識ではどうこうできない部分に与え、心にある種の傷を付けていた。

そのとき、韮沢さんは一人だった。騒ぎになっていないところからみると自分が第一発見者のようである。

恐ろしくて、嫌なのだけれど、しばらく、その死体を眺めていた。生きた人間とは異なる皮膚の色が強く記憶に残っている。

自分にはこのご遺体を地面に安置するなどの適切な処置など到底無理だと気付き、大人に伝えなければという考えに至った。それで、当時は携帯電話を持っていなかったので、人を探そうとその場を離れた。

交番が駅の近くにあることが頭にあるので、警官を呼べばいいのだと気付き駅を目指した。途中で、母親より少し若いくらいの女性に出合ったが、その人に声をかけるのを躊躇《ためら》った。警官に言えばいいのだと思っていたからかもしれない。

交番へ向かう途中、あの死体のことが頭に浮かんだ。連れていって一緒に見るのだけれど、でも、どんな状態なのかを説明させられるような気がしていた。

それで思い返してみると、奇妙な点に気付いた。

あの死体は、腰のまわりにバナナをいっぱいぶら下げていた。……よな。

黄色いバナナがまるで腰蓑のように取り巻いており、十本以上はあったと思う。そのバナナは普段口にするバナナと見た目は変わらないが、そこに付いていることでやけに気持ち悪く感じた。そんなそのときの気持ちまで思い出している。

交番が目に入った。駆け込んで、奥にいた警官に公園で死体を見つけたと言うと、詳しい話は抜きに、さっそく、あの公園へと向かった。どう説明しようかと悩んでいたことなど無駄であった。

警官と一緒に公園へと戻ってくると、あの死体はあったが、あのバナナはなくなっていた。

それはそうだよな、見間違いだよな……とは思わなかった。なんで？　誰かが捥いだのか？　そう思った。ただ、警官にはバナナが付いていて、それが呼びに行っている間になくなってしまったという説明はしなかった。

見間違いの可能性はある。でも、見間違いにしても、何と間違うのか。それに間違うにしても変過ぎる。そんな突飛な想像ができるだろうか。だから、見間違いではなく、バナナはやっぱりあったのだといまだに思っている。

この話とは別に、温井《ぬくい》さんという方からも、中学生のときに首吊り死体の第一発見者となったが、そのときは、足にバナナがびっしりと生えていたという話を聞いている。腿《もも》から膝の少し下くらいまで、びっしりとバナナが何本も生えていたという。温井さんもバナナは好きだったが、そのバナナはとても気持ち悪く感じたという。そして、目を離して次に警官達と見たときにはなくなっていた。

　バナナを思わせる、死体に群がる黄色い虫のような未知の何かが存在するのかと思える話だが、この想像を伝えると、〝これまで思っていた真実より気持ち悪い〟と、韮沢さんにも温井さんにも嫌がられた。

　二人がそれを目にしたのが中学生のときだったという共通性がある。年齢的に見てしまう何か理由があるのかもしれない。それはそれとして、韮沢さんも温井さんも、バナナは進んでは食べないという。

十九　コウモリごっこ

根津《ねづ》さんの話。

友人の家で飲み会があり、気の置けない間柄だったので、楽しさのあまりついつい飲み過ぎて、深夜に至った。そのまま泊まっても良いのだけれど、家は近いので酔い覚ましも兼ねて歩いて帰ることにした。

考えてみると真夜中に近所を歩くことは初めてだ。ひっそりと静まりかえった無人の住宅地を進むのは新鮮だった。周囲の景色を眺めながら進む。

不意に違和感を覚えた。

四階建てのマンションが右手にある。その四階のある窓から、頭を下にしてこちらを向いて逆さまに下がっている人がいる。膝を窓枠に引っかけていて、喩《たと》えるなら空中ブランコの受け手のような姿勢だ。

頭の先に長い髪が下がっていて女性だとわかる。

え？　という口のまま、根津さんは足を止めて唖然としている。

と、動きがあった。

隣の窓から、同じ姿勢で若い男がぶら下がった。

なぜ、そんな不自然で、危険な状態にわざわざなろうとするのだ。と、理解不能の行動をとる人を二人も目にして、混乱する。

音をたてて、その隣の窓も開いた。背筋がひやりとした。

その窓から頭が出てきたのを最後に、そちらを見るのをやめて、根津さんは駆け出した。

後ろから大勢の笑い声がした。

暴力的な集団に見つかったような不安な気持ちになって足を速めた。

自宅があるマンションが目に入った。もう息が上がっていて、歩いている。歩くというか、疲れていて足を引きずっている。

気持ちも落ち着いてきていて、さっきの出来事を思い返していた。最後に大勢の笑い声があがったというのは、もしかすると、ああやってぶら下がっていた者達は、道行く人をからかって遊んでいたのではないかと思えた。そうだとすると、なんとも悪趣味で、そして、危険な行為だと思えた。自分とはメンタリティーが大きく異なる人々だと思った。

帰宅するとすぐに、熱い風呂に入り、さっさと寝た。

ベッドで横になると、すぐに寝入ったようだ。すぐに記憶が途切れている。

なぜか、ベランダに出ていた。

そこで気がついたのだ。まだ空は暗かった。

十一階の自室のベランダから下を見下ろしていた。寝ぼけていた……ようである。が、このように寝ている間に歩いて移動していることは生まれて初めてだった。夢遊病とでもいうようなこんな行動は、自分が自分ではないような不思議な気持ちだった。まだ夢の中のような気もしている。

そんな覚醒が不完全な頭で、こう考えていた。

「窓じゃないから、ここからぶら下がっても仕方ないな」

そんなことを考えながら、ベランダから部屋に戻り、窓に向かった。窓を押し開けるが、安全の為に、構造上空気を入れ換える程度にしか開かない。

これではここからぶら下がれないな。残念。

と思ったところで、我に返った。

覚醒した頭で、今、何をしようとしていたのかを理解して、根津さんはゾッと体中が粟立った。

あの窓からぶら下がる者達の真似をしようとしていたのだ。全くしたいとは思っていなかったし、そもそも真似るという発想すらなかった。まるで彼らに操られているかのようで恐ろしかった。

後日、明るいうちにあの窓からぶら下がっていた者達がいたマンションを探してみたが、建物自体が見つからなかった。

二十　白目とコウモリ

大学生の頃、野村《のむら》さんは同じ研究室のメンバーととても仲が良くなって、食事は勿論、遊びにも研究室の仲間とばかり行っていたという。同級生だけでなく、先輩も交えてで、とても楽しかったという。

写真も研究室の仲間とよく撮っていたが、そんな中、メンバーの一人である、同級生のハスミさんが白目で写っていることがあった。

赤目というのはたまにあり、野村さん自身にも経験はある。しかし、白目を剝いているような写真は一枚も無かった。普段のある一瞬を切り取れば白目になっていることもあるのかもしれないけれど、そんな写真は撮れたことはない。

それに、ハスミさんが白目を剝いている印象はなかった。だから、何枚も白目を剝いている写真が撮れるのは、写真のときは緊張しているからなどの特別な理由があって、そうしてしまうのかもしれないと思えた。撮れてしまったときは、失敗なのですぐに消していたが、そういう失敗が多いので、本人に白目を剝いている旨を写真を見せながら言うと、異常なほどに怖がった。

「これって首なしコウモリじゃないですか」

と、興奮して写真を指さして主張するが、意味がわからない。

「白目ってことは黒目はコウモリみたいになっているってことでしょ。じゃあ、首なしコウモリですよね。ねっ」

ねっ、と強く同意を求められても、とてもそうは思えない。コウモリの要素だって、首なしの要素だって、どこにもないのだ。

取り乱し方も激しいので、野村さんも戸惑った。それで、その件には触れないようになった。ハスミさんが白目で写った画像が撮れてしまっても言わないようにし、さっさと削除していた。

白目写真についてのリアクション以外は、ハスミさんにはなんの問題行動もないので、日常の暮らしには何も問題はなかった。

そんなある日、ハスミさんと車で出かけたことがあった。

出かけるときは各自が車を出すのではなく、車を持っているメンバーのうち誰かかれかが出して、相乗りしていた。その日は、玄関から一番近い場所に駐めていた友人がいたので彼が車を出すことにした。と、その車のフロントガラスに、首のないコウモリの死骸が貼り付けるように翼を大きく広げて載っていた。不気味な光景に一同は唖然としていた。

が、ハスミさんは、皆が驚いているのとは逆に、あれだけコウモリを怖がるような発言をしていたのが嘘のように、無表情で素手でそれを払い落としていた。その行動に皆、さらに固まってしまったが、その後は何事も無く遊びに出かけた。

ただ、その日以降、ハスミさんはどちらかというと明るかったのに、口数は少なくなり、必要なこと以上には話さなくなった。そして、徹夜で実験した後に、席で仮眠をとっていたが、そのときには以前とは違って、白目を剥いて眠るようになった。

二十一　一匹のブタ

奇妙なモノの目撃体験をちょくちょく教えてくれるヒナさんから聞いた話だ。

あるレストランで友人とランチしていた。

隣のグループにふと目が行った。

五人の集団だったが、一人だけ顔がブタだった。

服装と体つきからして男性だと思うのだけれど、頭部だけがブタなのだ。西遊記の猪八戒がそんな感じだけれど、西遊記の撮影とは思えない。その人物も八戒を思わせるような衣装ではなく、パーカーを羽織っている。

ブタのお面を被っているわけでもなかった。ちゃんと表情が変化する。とはいえ、特殊メイクのようにも思えなかった。キャラクター化したブタではなく、本当にブタなのだ。特殊メイクだとしたら、その技術は全く違和感を覚えさせない程にとても高く、あくまでもブタそのものにリアルに寄せたメイクということになる。

テーブルを囲む仲間は変に思っていないようで普通に会話を続けている。ここまで一緒に来ているのだからそれはそうだろうとは思い直したけれど、それでは説明できないことに、店員も普通に接していた。

そちらに目を向けすぎていたようで、友人から「何かあるの？」と訊かれた。その友人はヒナさんの視線の先に目を向けている。が、おそらくあのブタは、ブタには見えていないようだった。ただ、説明するにもその場でブタという語を使うのはなんとなく躊躇われて、仕方なく「いいや。何も」と答えた。

が、こちらを見ている視線に気付いた。別の席の男性だった。その男性はヒナさんと目が合うと一旦、あのブタの顔をした人がいる席に顔を向けて、再びヒナさんに顔を戻すとやっぱり……という感じでアイコンタクトをとった。そして、首を横に振るとヒナさんからは顔を背けた。関わらないように、という合図だと思った。

しかし、とても気になってしまった。それで、本人に直接訊いたら良いのだとヒナさんは思い立った。同席の友人達に「ちょっとごめんね」と言って席を立った。

急に、右腕をガシッと強い力で掴まれた。あまりのことに、えっ、と声を上げて、そ

ちらを見ると、全く知らないおばさんだった。おばさんは険しい顔をして、

「やめとき」

と窘《たしな》めた。

その途端、悲鳴があがった。あの席からだ。あの、ブタの頭部を持った人が座ってい
る席からである。

件のブタの頭をした人が床に倒れて痙攣しているのが見えた。

怖くなって、友人達と相談して、早々にその場を離れた。

二十二　ねじれた天使の吹くラッパ

怪談を蒐集しているという方と知り合う機会が多くなった。怪談が流行《はや》っているという実感がある。

そんな中で、集めはするけれど、発表するわけではなく、身内で話して楽しむだけなので、私に聞かせて下さった話を本に書いてもいいですよと仰る奇特な方がいる。ただ、そういった方もその後に気が変わって、本を書いたり、舞台で語ったりすることもあるので、そこは少し慎重になる。だから、これまではちょっと時間をおいてから発表していたのだ。ただ、そういう話は他の作家や怪談師にも話していることが多いので、先を越される可能性もあり、悩ましくもあった。幸い、複数人に話をしているのだと、大抵は教えて下さる。それで、動画や本を見て公開されていないかをできる限りチェックしている。

既に他の人が公開している体験談は避ける方がよさそうだけれど、一方で表現の違いを読み比べてみるのもいいのではないかとも思うようになってきた。

一応、色々怪談を当たってみて、以下の話は今のところどなたも発表されていないので書いてみる。万が一、発表されていたら、それこそ読み比べて頂ければと思う。


怪談蒐集家の福来《ふくらい》さんが、友人の蛇石《へびいし》さんから聞いた話である。

その日は、特に体験談の取材をしていたわけではない。喫茶店で世間話をしていたときに、どういう話の流れだったのかは憶えていないけれど、蛇石さんが「変なことあったんだけど、聞いて」と話し始めたのだ。

外出時に、人が多くいるところにも拘わらず、自分くらいしか気付いていないような奇妙なものを目にすることがあるのだという。

翅《はね》が生えた、真っ白い、手足がねじれた人が見えるのだ。そのねじれた手足が、生理的に受け付けない。目をそむけてしまうような、気持ち悪さなのだ。白さもなんだか不健康な白さで、こちらも気持ち悪い。

病的な色で、手足がねじれているが、死んではいない。動きもするし、その動きから感情もわかることがある。人を小馬鹿にしたようなニヤニヤ笑いを何度も目にしている。一人だけのときもあるし、同じ種類の者が複数いることもある。

彼らはまずラッパを手にしていた。どういうタイミングでそうするのかわからないが、手にしたラッパは実際に吹くことがある。一人が吹くと大抵は他のものも追随する。気持ち悪い者達にしては、美しくて澄んだ音が響く。

彼らが見えているのは蛇石さんだけかと思っていたが、その音がするのと同じタイミングでビクッと反応する人もいる。けれど、そんな人に訊いてみると、ラッパが聞こえたわけではなく、急に体が震えたのだという。

そのラッパには意味があるようだ。彼らがラッパを吹くと、殺伐とした雰囲気になり、罵声が聞こえたり、喧嘩をする人が出てくるのだ。ちゃんと聞こえているのは、蛇石さんだけかもしれないが、人々に影響を与えているようで、その結果として場が殺伐とするようだ。

捻《ねじ》れてはいるけれど、翅が生えているから天使を思わせる。しかし、やっていることは、不和を齎《もたら》す悪魔のようだ。そんな印象を語る蛇石さんに、福来さんはむしろヨハネの黙示録に出てくる天使のようだと考えを述べた。彼らは災害の前触れとしてラッパを鳴らすのだ。それは有名なエピソードであり、それに影響されたような想像の産物ではないかと思えた。ただ、幻を見ているのではないかというその意見は口には出さなかった。というか、そんな失礼なことを考えてしまって申し訳ない気持ちになったという。あ、と蛇石さんが顔色を変えた。目の前の福来さんから視線を外した。自分の悪い心の中を見透かされたのかとビクリとした。

「ラッパ……です」

蛇石さんが顔を顰《しか》めた。福来さんにはラッパの音は聞こえなかった。

が、男の怒鳴り声が店内に響いた。ある男性客が店員にクレームをつけていたのだ。ねじれた天使がラッパを吹くと、殺伐とした雰囲気になり、罵声が聞こえるという話が、まさに目の前で再現されていた。

二十三　死んだ神さま

本条《ほんじょう》さんという女性が子供の頃のこと。

近所に小さな神社があった。ちょっとした岡を上ったところにあり、お参りではなく、公園で遊ぶようなノリでよく行っていた。

その神社に行くと、あるお爺さんに会ったものだった。本殿……といってもそれ一つしかない建築物である、お社に賽銭箱《さいせんばこ》があった。その賽銭箱の左端に、そのお爺さんは直《じか》に座っていた。そのお爺さんは、本条さんに賽銭箱からお金を取り出してくれたものだった。今思えば、どうやって中まで手を入れていたのか不思議議である。

思い返せば、それが貨幣の概念を知った最初だった気がする。初めてお爺さんから硬貨を手渡されたとき、同じ価値のモノと交換できるというシステムである旨を告げられて、欲しいものを自分で選んで手にできるということの素晴らしさに感動したように思う。

　それを教えられる前に、意味もわからず、単に貰ったから「ありがとう」とお礼を口にして頭を下げたのは、思い返せば、自分でもちゃんとしていたなと感慨深い。お爺さんも喜んでいたと思う。

「欲しいものがあったら、それを渡したら貰えるのじゃ」

　と教えられ、その足でお菓子か何かを買ったような憶えがある。「やった」と嬉しかったのはうっすら思い出せる。今思えば、おつりを貰った憶えはない。その後もお金を持ち歩くことはなく、お爺さんから貰ったら、貰った分全部を使い切っていた。そう考えると、あのお爺さんは欲しいものがわかっていて、ちょうど同じ金額の硬貨をくれていたような感じがするのだ。

　だから、神様なのだろうと漠然と思うけれど、失礼ながらなんだか神々しさは感じない。それに、今思えば、お賽銭は神様であるそのお爺さんのもので、だから取り出していたくらいに思うのだけれど、賽銭箱の投入口から手を入れて取るという行為自体がなんとも神様らしくなく、行儀が悪く感じる。

　そんな幸運な目にあっていたにも拘《かか》わらず、本条さんとしては、お菓子もそんなに欲しいわけじゃないし、そんなにありがたくは思っていなかった。

それどころか、当時は、欲しいと思ったものは、買ってと言わなくても、家への来客がお土産でくれたり、親からプレゼントされた。長じて、友達はそんな恵まれた経験はないことがわかってくる。欲しいと思ったら手に入るという幸運というか〝恵まれている境遇〟は、あのお爺さんのお蔭だと思うようになった。貰えるということ自体がお賽銭を貰っていた体験と重なったのかもしれないけれど、なぜか幸運はあのお爺さんのお蔭なのだと、自分でもなぜなのかと不思議に思いながらもそんな印象を抱いていた。

小学校にあがって友達もできてくると、その神社で遊ぶ頻度は落ちていた。ある時に偶々、脚を向けてみたら、あのお爺さんはいなかった。

ちょっと寂しい気持ちになった。

諦めきれないような気持ちで、賽銭箱のところでキョロキョロして、お爺さんを探していると、

「それは死んだんだよ」

と声がした。その場にはいない、大人の男性の声だった。生理的に身が震えている。

その声の方を見ると、音源は社の暗い奥からだと思える。

中の神様が教えたんだ。声の言う通り、お爺さんは死んでしまったんだ。それは本当のことなんだと思えて、それでひどく泣いた。

もう、欲しいと思ったものが必ずしも手に入るわけではなくなった。それが普通なことながら、自分が恵まれていたのだと知った。

思い返せば、やはりあのお爺さんは神様だったのかと思う。福を授ける感じだから。けれど、死んだりもするし、神様と思われる声が別にしたのも、少し腑に落ちない。

神様があのお爺さんのことを「それ」と言っていたのはおかしい。とすると、あのお爺さんは何者だったのかよくわからないのだ。

二十四　生まれ変わり

間宮《まみや》さんが子供の頃、当時仲の良かった三神《みかみ》くんとよく遊んでいた。

その日は、ため池の岸で遊んでいた。当時は危なくても、フェンスなどしていないところはいっぱいあった。そのため池にもフェンスは付いていなかった。

ため池の岸には傾斜があり、三神くんはバランスを崩して、その傾きを滑っていった。

それが間宮さんにはスローモーションに見えた。

池に落ちた。

水の飛沫が数えられるくらいによく見えた。テレビを見ているかのように、現実感が希薄だった。

助けて、と言いながら三神くんはもがいている。

泳げない間宮さんは恐ろしかった。恐ろしさに体が硬直して手など差し伸べられなかった。冷静になって考えると、子供の力で助けるのは無理なので、ある意味正しい。しかし、今思えば、さっさと大人を呼びに行った方が良かったのだというのはわかる。そのときは気が動転していて、ただ、呆然と泣いていただけだったのだ。

それでも、それに気付いて大人を呼びには行った。どれぐらい経っていたかは憶えていない。三神くんが沈んでいたのかどうかも記憶にない。

ただ、知らせを聞いて駆けつけてくれた大人達が池から三神くんを引き上げ、人工呼吸していたのを憶えている。救急車が来たのも憶えている。

しかし、結局、三神くんは助からなかった。助けられなかったという後悔は今でもある。

それから、三十年後、間宮さんは、地元である京都を離れて神奈川で暮らしているが、そこで、あの死んだ三神くんそっくりの子供を見かけた。塞がっていた心の傷が開き、どんどんと記憶が甦る。その記憶の中の三神くんそのままの子供がそこにいる。服装もあの溺死したときのものに思える。

そっくりだけれど、まさか本人ではあるまい。とすると、三神くんの親類かとしばらく目を留めていると、その子と目が合った。目が合うなり、こちらに近づいてきた。

え？　何事？　と怯《ひる》んでいると、そばまでやってきて、

「生まれかわり」

とだけ無表情に言って去っていった。

我に返った間宮さんは、その子を追いかけていった。その子は両親のそばにいた。我が子を追ってきた知らない男を見て、両親は警戒心を顕《あら》わにしていた。

そこで間宮さんはその子が友人の三神くんにそっくりだと告げ、その親戚かと尋ねた。

しかし、彼らの名字は三神ではなく、また親戚にも三神という者はいないとのことだった。それもあって不審そうな表情は解けない。

不審がられるついでに、間宮さんはその子に訊いてみた。

さっきわざわざ間宮さんのところまでやってきて、「生まれ変わり」と言ったけれど、それはどういう意味なのかと。

しかしその子はそんなことを言った憶えはないとのことだった。が、その声は、内容は違えど、さっき確かに耳にした声だった。

二十五　母親似

村本《むらもと》さんが放課後に友達と数人で遊んでいると、大人の女性が近寄ってきた。年格好からすると、同級生の誰かのお母さんだと思った。というか、メグムくんのお母さんだと直感した。案の定、その女性は、

「メグムちゃん、どこ？」

と訊いてきた。ただ、その訊き方がぞんざいで、優しさも、それどころか知性すら感じられない。世間体など全く気にしていないような、好感度度外視の口の利き方に違和感を覚えた。

また、風体もどこか奇妙だった。メグムくんの母親だと直感したくらいに、顔はそっくりで、太った体型も似ている。だから、母親なのだろうとは思うけれど、大人の女性として変だった。口をだらしなく開けっぱなしにしていて、よだれが流れている。身ぎ

れいにしようという意識が感じられず、そんなお母さんは見たことがなかった。お母さんらしくないと言えば、臭いもそうだった。風呂に入っていないというか、生ゴミを思わせる臭いだった。嫌だなあという印象を強く持った。

そのときはメグムくんは一緒ではなかった。今どこにいるのかも知らない。多分家ではないかと思ったけれど、それならばお母さんは探しには来ないだろう。それで、一緒ではないことと、どこにいるのか心当たりもないことを正直に伝えた。

するとその女性は、ぼんやりした目で「そう」とだけ口にしてその場を去った。なんだか、やはり大人っぽくなかった。ありがとう、くらい普通は言うよなと思ったのは、その女性の姿が見えなくなってからだった。

そんな女性のことはいつまでも気にかけはせず、また遊び直していたが、日も暮れてきたので、それぞれ家路に就いた。

村本さんは方向が同じ友人と帰路を進んでいると、メグムくんを見つけた。大人の男女と一緒に歩いている。彼らが両親だろうと思ったが、少し変だった。

メグムくんと手まで繋いでいるその女性は、さっき話をしたあの不潔そうで太った女性とは全くの別人だったのだ。さっきの女性とは似ても似つかないスタイルの良い美女だった。後にその女性こそが、メグムくんの実の母だと知った。血のつながりのない育ての母というわけではなく、ちゃんと育ててもいるし、さらに生みの母すなわち生物学的な母であった。

とすると、あのとき、メグムくんを探していた、あのおかしな女性は誰？　とゾッとした。

二十六　喉切り箱

森本《もりもと》さんは子供の頃、近所に住んでいたヤスシくんといつも遊んでいた。

そのエリアには駄菓子屋は一軒だけあり、二人は毎日そこに行っては、十円か二十円くらいを使っていた。

その駄菓子屋は、お爺さんが一人で営んでいた。住宅地のど真ん中にあり、隣の家とは大人一人がやっと通れるくらいの近さで建っていた。看板も出ておらず、知らない人が見れば普通の民家である。開店している間は鍵がかかっておらず、勝手に曇りガラスの入った引き戸を開けて入っていた。その入り口を通り抜けると広い土間があり、靴脱ぎも広い。そこに駄菓子やクジが置かれていた。

そんな駄菓子屋だったが、森本さんもヤスシくんも月一回貰うおこづかいをやりくりして毎日一番安い菓子を買っていた。そして、こづかい日などお金に余裕があるときには、クジを引くのが楽しみだった。なかでも紐が束になっていて、その一本を引くタイプのものがお気に入りで、今でも単に束になった紐を見るだけでちょっとワクワクするという。

そんな常連の二人だったが、彼らとは別に贔屓《ひいき》される太客がいた。その子が菓子を買うと、自分達がいつも買っている一番安い菓子を一つおまけとしてタダで付けてもらえるのだ。そんなことは二人は一度もされたことはない。それで抗議したこともあったが、店主はおまけをつけるのはお得意様だからだという説明をした。毎日来ている二人は自分達だってお得意様ではないかと言い返すのだが、取り合ってもらえない。今思えば、その子はもっと高い菓子を購入しており、例えば百円の購入に対して十円の菓子をおまけに付けていたようだ。自分達は十円の菓子を買っていたからそのおまけに十円の菓子というのは確かにどうかと思う。

そんな考えには至らなかった幼い二人は、店主をクソジジイだとか、贔屓ジジイだとか呼んでいた。しかし、駄菓子屋はそこだけなので、その店に行かないとか不買運動に走るという選択肢はなく、結局は毎日通っていた。

ある日のこと。

どういうきっかけか忘れたが、ヤスシくんがその駄菓子屋の裏に回って、イタズラしてやろうと言い出した。学校からくすねてきたチョークを手にしている。それでバカとか壁に書いてやろうと意気込んでいる。

面白い提案だと森本さんは賛成した。

駄菓子屋と隣家の間の細い路地を進むと、店の裏が目に入った。店の裏には段ボール箱が二段くらい積んであり、その上に串に刺さった駄菓子が詰まった透明のプラスチックの瓶が剥き出しで置かれていた。

「やった、パクろうぜ」

とヤスシくんは嬉しげに近づいていく。それは泥棒であり、それはさすがにやり過ぎではないかと、森本さんは躊躇した。

瓶にヤスシくんの手が届きそうになっている。そんな体を延ばしきったヤスシくんの喉元に、瓶の下にあった段ボール箱から、棒状のモノが飛び出した。それはヤスシくんの首を横に払った。刀のような凶器が飛び出していたのだ。急に止まったからだろう、刃は上下にビヨンビヨンと揺れていた。

ヤスシくんは地面に倒れて痙攣《けいれん》していた。首の切り口を大きく開くように、後頭部と背中が近づく形で「く」の字を描き、割れた喉から血が流れている。その血でできた血溜まりが広がっている。

森本さんはその場を離れ、ヤスシくんの家に向かった。玄関のチャイムを鳴らすと、炊事の途中だった様子の母親がエプロンで手を拭きながら出てきた。

ヤスシくんが駄菓子屋の裏で怪我をした。血が出ている。

そんな説明をしたと記憶している。そして、ヤスシくんの母親と走っていったことを憶えている。

しかし、そこからの記憶が曖昧だった。駄菓子屋の裏に母親と一緒に行っているはずだし、そこで惨状を目にしているはずなのだけれど、憶えていないのだ。

次の記憶はヤスシくんの葬式である。父親と歩いて向かっているのを憶えている。生まれて初めて行く葬式で、怖くもあるし、ドキドキもしている。ほんの少しだけワクワクもあった。そんな当時の感情はよく憶えている。ヤスシくんが死んだというのが、テレビや映画のことみたいで、記憶は強いけれど、現実感がなかった。でも、ヤスシくんの両親はすごく悲しんでいることは憶えている。

奇妙なことに、なぜか森本さんは自分の父親が、電車には気を付けろ、線路には入ったらいけないと言っていたことを強く記憶している。そして、ヤスシくんの母親にも同じことを言われていた。言われたときはその意味が分からなかったが、なぜそんなことを皆が言うのかわかった。

ヤスシくんは、皆の認識では、電車事故で亡くなったということになっているのだ。喉を切られて死んだのに、一緒に〝踏切〟に行ったことになっている。

喉を切られたことをわかっていて大人が隠しているのか、大人もそう思い込んでいる、あるいは大人も何者かに思い込まされているのかわからない。あるいは森本さんがそんな箱の間違った記憶を持ったのかとも思えた。が、それにしてはそんな突飛な妄想がどこから出るのかわからない。だから、あの喉切り箱事件が電車事故に変わってしまっているなんて、と混乱してしまった。

あの惨事に対して皆のそんな曖昧な、というか歪んだ解釈が気味が悪かった。その異様さに、ヤスシくんは実は駄菓子屋の裏で首を切られたのだとは言えなかった。でも、絶対そうだと思った。それに、あの駄菓子屋は本当は殺人犯のくせに何食わぬ顔で、営業を続けていることになる。

それで、森本さんは父親に打ち明けた。けれど、荒唐無稽な妄想だと信じてもらえなかった。実際に、駄菓子屋の裏に行こうと言っても時間の無駄だと却下された。

孤立した気分になった森本さんだが、確かめることにした。一人でその駄菓子屋の裏に、バットを持って向かったのだ。そのバットで首を守ろうと考えたのだ。

しかし。

駄菓子屋に着いて愕然とした。

駄菓子屋と隣家の間の通路の入り口に板がいっぱい狂ったように打ち付けてあった。別のルートを探し、隣の隣などの路地に入ってみたけれど、駄菓子屋の裏には行けないように新しい戸板で塞がれていた。板は隙間も無いので覗くことさえできないようになっていた。

今になって当時の新聞を探すと、確かに該当する列車による事故死の記事がある。だから、公的には轢死《れきし》である。けれど、それが元々が列車事故だったという証拠には思えない。そうではあるが、そんな風に事実が変えられていることが恐ろしい。

それとも、あのヤスシくんが喉を切られた光景は自分の妄想だろうか。

妄想というか、幻覚にしても、もっと現実的なものになりそうだ。ウソであれば、もっと現実的なものを言う方が良いし、何より、あんな出来事を思いつくだろうか。そういう点では幻覚としてもそうだ。幻は頭で産んだモノであり、あんな奇妙な発想をするだろうか。そして、幻覚とはいえなさそうな物的な証拠がある。

あの路地を塞ぐように打ち付けられた木の板はなんなのだ。

なんとも腑に落ちない事件の記憶である。

二十七　喉切り箱2

ユカさんという三十代の女性が中学生だった頃の話。

部活も同じで、いつも一緒に帰っていた、ヨウコさんという級友がいた。三年になり部活も引退し、受験に向けて勉学に励む。ヨウコさんとは一緒の高校に行こうね、という約束を交わした。

二人が目指したのは難関校だった。模擬試験の判定は二人がともに微妙なラインだった。志望校を変えるべきか、いや、目標は高くあるべきだ。そういう迷いがあった。

そう悩んでいるある日、ヨウコさんの部屋で勉強していると、ヨウコさんがある提案をした。

それは、おまじないをしないか、というものだった。

当時、女子の間ではおまじないは流行っていた。ただ、どちらかというと、ヨウコさんはその流行から距離をとっているようだった。

そう指摘すると、ああいうのとは違うと、やはり流行っていたおまじないには否定的な言葉をヨウコさんは口にした。おまじないと言ったのは、わかりやすくというか、とっつきやすくしようと思ったからで、儀式とでもいうようなものだと、よくわからないことを言った。

「儀式?」とユカさんはその単語を繰り返していた。それほど、儀式という言葉に、躊躇わせる力があったのだ。

「やっぱりね。そうなるでしょ」

とヨウコさんは得意げな顔をした。その顔が可愛くて、それになんだかおかしくて、つい笑ってしまったという。ヨウコさんも釣られて歯を見せた。が、急に真顔になって、

「やっぱり絶対一緒に(志望校に)行きたいもの」

そう自分に言い聞かせもするように、言い放つと、「ちょっと待っていてね」と部屋を出ていった。

戻ってきたヨウコさんは、机の上にあった英和辞典よりほんの少し大きいくらいの箱を手にしていた。それはなんだか外国土産のアクセサリーケースを思わせた。金色をし

た箱に複雑な模様を彫りつけてあったが、何を表しているのかはわからなかった。

ヨウコさんは手にした箱に願いを告げると、それが叶うのだと説明した。ただし、代償として喉が切れてしまうのだという。心配そうなユカさんの表情を読み取ったのだろう、ヨウコさんは説明を続けた。しかし、それで勿論、死にはしない。それに、跡がちょっと残るくらいで、気にしなければわからない。そう言って、ヨウコさんは喉を近づけた。確かに、その首には横向きのうっすらとした傷跡があった。

その箱を机に置き、その前に跪《ひざまず》く。目を瞑って、両手を祈るように組んで、箱に喉を近づけ、願い事を小声で唱える。

箱なしでヨウコさんは実際にやって見せた。本番はユカさんが先だった。不安ではあったが、やってみることにした。

机にその箱が置かれた。

その前に跪き、手を組む。目を瞑って、志望校の名に続けて「の合格」という語を小声で繰り返した。

不意に首に痛みを感じたが、それはあとで整合性をもたせるための脳の補正かもしれない。

実際に、ユカさんは失神していた。

次に意識が戻ったときにはカーペットに横になっていた。起き上がると、そこには血溜まりができていた。首を触ると血は付いたけれど、もう血は止まっていると言われた。それに続けて、

「病院に行って治したらダメだよ、それだと願いは叶わないよ。傷は気にしなくて大丈夫」と説明を受け、ユカさんはそれを信じた。

そのあと、ヨウコさんは儀式は一人で行うと言うので、どのように喉を切られるのかを見ることはなかった。

その後、二人は志望校の入学試験を受け、二人とも無事に合格した。それは努力のお蔭なのか、この儀式のお蔭なのかはわからないが、とにかく、願いは叶っていた。

「その箱って、今もヨウコさんの家にあるんでしょうか」と私は愚問を発した。

「あるんじゃないですか」と馬鹿にせず、ユカさんは答えてくれた。「もう見られはしないでしょうけど」

「それはどうしてです？」

「他人にも見せたらダメだったみたいですよ。見せるどころか、使わせたからって、ヨ

ウコ、ご両親に怒られたんですって」

大変残念な答えである。その気持ちが私の顔に出たようだ。が、それは話自体を疑っているように誤解されたようだった。

「疑ってます？　皆信じてくれないんですよね」と言いながら、ユカさんは首筋を見せてくれた。確かに、その首には横向きの傷跡があった。「ヨウコにも付いてたって言った傷、これと一緒ですよ」とうっすらと赤い傷跡をなぞった。

二十八　水面から出ては何度も溺れる夢

蘭野《らんの》さんは酒も女も博打もやらないしっかりした男性で、定時に家を出て、帰ってくるのも定時という非常に真面目な人だった。そんな蘭野さんが、何の連絡もなくいつもの時間に帰ってこなかった。奥さんは蘭野さんに連絡を取ろうとするが繋がらない。事故を疑った。

警察に届け出もしたが、見つかったという報は入らなかった。何日経っても本人からの連絡はないし、姿も見せなかった。

そんな不安な日が続いたある晩、奥さんは蘭野さんの夢を見た。

蘭野さんが海に行って、波に攫《さら》われて死ぬ夢だ。

不思議なことに、沈んでいった蘭野さんがまた海面から現れ、空中に浮き上がる。十メートルほど上がってから、また海に落ちて沈んでいくけれど、しばらくすると、また上昇して、水から飛び出て再び沈む。最初に沈んだときにはもう死んでいるのか、蘭野さんはぐったりして少しも動かない。そんな非現実的な光景が繰り返されるのだけれど、最後は沈んでいって姿は見えなくなる。

奥さんはその夢を一度だけでなく、数度見た。だから、もう蘭野さんは死んだのだと悟った。

夢で見た海には奥さんは見覚えがあった。蘭野さんはそこで溺死したのではないかと思った。ただ、そんな夢で見たからという理由ではダイバーを出動させてくださいとは言い出せなかった。とはいえ、そこへは蘭野さんなら電車で来ているはずだから、駅の監視カメラとか調べてはどうかと思い至った。が、一般の人では確認できないとわかってがっかりした。心当たりがあるので警察に確認して欲しいとは進言した。実際に確認したかはわからない。そんな風に時間は過ぎていった。

それから十数年後、ある外国で蘭野さんが目撃される。それは幽霊でもなく、ドッペルゲンガーでもなく、そっくりさんでもなく、本人だった。実は失踪していたのだ。奥さんからは嫌われていると誤解しているのもあって家庭が厭で、そして仕事も厭になって、全てを捨てることにしたのだった。海外に行くような仕事だったのもあり、そちらでの暮らしはなんとかなるだろうとの判断で、実際に巧く身を隠して生きていた。

これだけだと面白い話ではあるけれど、全く怪談ではない。死者が夢に現れたと思うから怪談だったのだけれど、死んではいないのだ。

ただ、実は奇妙な真相がある。

蘭野さんの失踪を手助けしてくれた女性が奇妙な呪術を施したというのだ。

死んだと皆に思わせれば諦めるから、そう思わせる呪術をかけるのだと言って、人形に蘭野さんの髪の毛を入れて風呂で沈めて殺す真似をした。そういうものなのかとそれを横で見ていたのを憶えているという。その行為がどうして諦めさせることになるのか全くわからなかったけれど、その女性は自信満々で、その二人の認識の大きなギャップから蘭野さんは文化の違いの面白さを感じていた。

ただ、蘭野さんは奥さんが見たという夢の話を伝え聞いた。そのとき、その呪いの儀式で意味不明の言葉を唱えながら水に人形を沈めるのを繰り返していたのを思い出して、その行為と、奥さんが夢で見た蘭野さんの動きが重なったので、その符合には非常に驚いていた。

二十九　背の街

怪談では夢が怪異と結びついていたり、怪異の一部として出てくることがしばしばある。夢というものは、現実ではないけれど、見ているときは現実と変わらないリアルさがある。だから、睡眠中には魂が抜けていて、そのときの体験が夢なのだという考えもなされた。また、覚醒状態ではコンタクトできない神のような存在の話を聞いており、そんなお告げのようなものが夢だとする考えもあった。脳の機能やその活動結果の一部である精神のことがわかってきた現代では、そんな考えは支持しない者も多くなったが、依然として支持している者もいるようだ。

しかし、一般的には夢は予言などではないとされているから、あたかも夢が現実になったり、夢にしか存在しない人物に会うと、それは不思議であり、超常的な体験、つまり怪談として扱いうるのだ。

例えば……。

ある一家が庭の池を埋めることにした。

その池は、今のご主人の父親が急に思い立って掘ったもので、そこで錦鯉《にしきごい》を飼っていた。しかし、体を悪くしてからは世話もままならず、結局鯉達も死に絶え、池はそのまま放置され、藻が多く繁殖して濁っていた。

その先代が亡くなったのを機に、ガーデニングができるようにと池を埋め立ててしまおうということになったのだ。

明日は業者が来て埋めるという、その夜、奥さんは夢を見た。

笠を深くかぶった僧侶が現れ、

「私は亀です。私を殺さないで下さい」

というのだ。

目覚めてから、それは池の埋め立てのことだと思った。亀とは限らないが池や川などのヌシが命乞いをする民話を思い出していた。

驚くべきことに、ご主人も娘さんもその夢を見ていた。

三人とも同じ笠を深くかぶった僧侶が亀を殺すなと訴えかけてくるという夢を見てい

たのだ。池を埋めることに対する罪悪感があってそんな夢を見たとしても、その一致は単なる偶然とは思えない。

それで、業者に池の水を抜くときに亀が出てきたら避けておいて下さいと頼んだ。その業者としては手間ではなかったようで、快諾してくれた。

しかし。

結局、水を完全に抜き終えても亀は出てこなかった。鮒などはいたものの亀はいない。大事なものだろうからと、埋める前に泥を掘り返してもくれたようだけれど、みつからなかった。

三人が全く同じ〝亀だと名乗る僧侶〟から、全く同じ〝亀の救助を依頼〟された。その一致する夢は何を象徴していたのだと気になるし、何も示していないとしても、何よりも恐ろしいほどの一致自体がとても不思議であった。

……以上は怪談とするには微妙かもしれないが、不思議な夢の話だと思う。

それとは別に、怪談であろうと思える、夢に関する話を以下に紹介する。

当時三十代後半だった、龍造寺《りゅうぞうじ》さんという男性の話である。

月に三、四回くらい、平均したら週一回くらいの頻度で、同じ変な夢を見ていた。それが同じ夢だとわかるのは、必ず出てくる人物がいるからだった。

それは、四十歳くらいの男性で、龍造寺さんには見覚えがなかった。龍造寺さんの友人どころか知人ですらないのだ。夢で会うから憶えてしまっているけれど、実際に存在する知った人ではない。

太っていて、前屈みで、姿勢の悪い小男で、大抵、椅子に座って、作業をしているのだ。その作業というのが、積んであるネズミの死体を一つずつ左手に持って、右手で首を千切るというものである。千切った後の体はバケツに捨てて、首はボウルに入れる。そんな内職のようなことをしているのだ。

そうやって手を動かしながら、男は龍造寺さんと会話する。その光景は憶えているけれど、会話の内容は憶えていない。何を話したのか記憶にはないけれど、楽しかったという記憶も無いのだ。さっさとそこから離れたいのだが、話を聞かないといけないようで、とても苦痛だった。

「おまえさあ……それでさあ……」という感じで不愉快な説教のような言葉が続き、その話が長いので、嫌な気持ちのまま居続けさせられるのだ。

そもそも夢というものは、体験したことや見た映画や、本の内容を想像したようなそんな脳に溜まった記憶を眠っている間に整理するのだけれど、そのときに意識に上ってくる断片的な記憶を無理に繋げたものである、と現代医学では説明されている。実感があると思うが、睡眠状態では意識はなくなっている。睡眠中にはわざと意識を閉じているのだけれど、その抑制が短期的に解けてしまうのだ。それでそのときに処理している記憶が意識に上り、あたかも体験しているように脳が感じてしまうのだ。そんな断片的な現実でも、なんとかつなぎ合わせて無理に整合性をとった現実として考えようと意識がやってしまうので、運が良ければちゃんとした現実っぽい夢になるが、悪ければ、意味がとれないデタラメなものになる。それがちゃんと覚醒している状態ではおかしいと思えるような夢になる仕組みなのだ。

という事実を踏まえると、そんなデタラメな断片の寄せ集めにしても、実際に見聞きしたり、頭に思い浮かべたことがあるものが夢に出るはずである。龍造寺さんはそういうことを知っているだけに、映画などで見たわけでも、そんな様を想像したわけでもないのにあんな記憶になかった、太った男を見ていたことが腑に落ちなかった。なんとも奇妙で、なぜなのだろうと思ったのだった。

可能性として、記憶の整理のときに、実際にあったことそのものではなく、何か象徴的に変形させているんだろうかと思えた。例えばストレスになるある体験などが変形しているのではないかという説明である。それならば、変形なのだから、見覚えがないことには説明がつく。ただ、そう考えてみても、思い至るような出来事はなかった。まあ、わざわざ変形するような嫌な思い出だから、思い出せないのもわからないでもないと思えた。

脱線したが、何度も見ていた夢にはまだ特筆すべきことがあった。

龍造寺さんはあの男と話すだけではなくて、その後にも夢は続いていて、その部分も奇妙で、少し不気味だった。

話が終わったのか、ネズミを千切るノルマを越したのかはわからないが、まだ死骸は残っているけれど、その男は作業の手を止める。そして、椅子から立ちあがり、龍造寺さんに背を向けて、椅子を残して、向こうに消えていくのだ。

そのときに、そいつの丸まった背中に、岩に付いたフジツボのように、小さな家がでたらめにびっしり密着して建っているのが見える。赤とか青とかの瓦屋根がところどころ見えている。

整然として区画化された街並みなどではない。それとは真逆に、集まってきた者達が勝手に家を建ててスラム化したような、そんな治安が悪そうで雑然とした感じなのだ。勝手にナニカが住んでいる、気持ち悪い町。そんなものがその男の背中にあって、うわっ、キモッ、と龍造寺さんは思うのだった。

だいたい、その辺で目が覚めていた。

そんな変な夢だったので、別に友人にも家族には言わなかった。何か悩みを反映した夢のようにも思えるけれど、カウンセリングには通わなかった。その行動は理解できる。変ではあるが、人を殺したり、逆に殺されるなどではないから、そこまで深刻な状況とは思えない。

そんな奇妙な夢を断続的に見ていたあるとき、珍しく奥さんの大きな声がした。保育園に通っている息子を叱っていた。

「あんた、こんなもん、いっぱい拾ってきて……」

と聞こえる。その声の荒げ方が、ちょっと、普通とは思えなかった。自分も子供の頃は、ガラクタや虫を拾っては持ち帰って机の中に入れていたりしていたので、身に覚えはあるし、ああ、ああいうのだろう、そんなに怒らなくても……と思った。

むしろ普段の奥さんは壁に落書きされても気長に諭して強くは怒らなかった。だから、そんな穏やかな奥さんがこれほどキツい口調で怒っているのは珍しいと思えた。ということは、よほどスゴイモンを拾っているのではないかと興味を惹かれた。

ちょっとワクワクして龍造寺さんがリビングに行くと、床にティッシュが敷いてあって、その前で息子がしょんぼりしていた。ティッシュの上には白いごろごろしたものがあった。テーブルには置かずに、床に置かれているし、その床も汚したくないのだろう、直ではなく、すぐに捨てられるように、ティッシュの上に置いている。そこから考えると、なんだか汚いものを扱っている感じがした。

ティッシュの上に載っていたのは、小動物の頭の骨で、十個ほどもあった。

なんなのだこれは、と思った。

それらの頭骨は大きさからして、多分、ネズミだろう。リスかもしれないけれど、ネズミだと思えた。ネズミであるという思いから、いつも見ていたあの夢が頭に浮かんだ。ボウルに入れていた千切ったネズミの頭。あれはあの後どうしていたのだろう。皮や肉を取り除けば、これになるではないか。

そんなことを考えたけれど、あれはあくまでも夢だから、これとは違うとは思える。

そうではあるけれど、小動物の死骸を子供が持っているというのは普通ではないと思えて、息子にこれはどうしたのかと訊いてみた。

「公園でもらったの」

「へえ。誰に？」

「セノマチさん」

そんな意外な回答に龍造寺さんはギョッとした。またしてもあの夢を思い浮かべたのだ。夢に出てきたあの男は、背中に街があるようだったから、セノマチと呼ぶにふさわしい。そして、その男は夢の中で千切っていたネズミの頭を骨にして息子に手渡しているように思えた。

ただ、そのように繋がりはするものの、夢が現実になるのはおかしいことだとわかるので、こじつけだとも思える。それはそれとして、そのセノマチなる人物がどんな男かとても気になって、その男の特徴を訊いてみた。

「そのセノマチさんって、どんな人？」

う～ん、と息子は首を捻《ひね》った。どんな人という質問は回答するには難しいかもしれないと気付いた。それで具体的に例を挙げて訊くことにした。

「背はこれくらい？」

龍造寺さんは夢の男を思い浮かべてその背の高さに手を上げた。

「そう」

と息子が頷いた。自分で訊いておきながら、ギョッとした。ただ、それだけでは偶然に同じであっても何の不思議もない。それで質問を続けた。

「ちょっと太っていて？」

「そうだよ」

これも条件に合っている。ただ、息子は何でもそうだそうだと言っているだけかもしれないと思えた。言われた言葉に引きずられて記憶が改変されているのではないかと思えたのだ。それで敢えて違う特徴を挙げてみた。

「眼鏡は？」

「かけてない」

ちゃんとあの男の特徴と一致している。それどころか、息子はそれに続けて、

「ちょっと禿げてるんだよ」

と思い出した特徴を口にした。

うわ、あいつだ、と龍造寺さんはギョッとした。

そう思ったところにダメ出しのように、

「で、こんな感じだよ」

と息子は前屈みになってみせた。その姿勢があの夢の男にあまりにもそっくりなので、ウワッと声をあげてしまった。

ただ、流石に背中に家があったとは言わなかった。それは憶えがないだけであって、背中がどうなっているかはわからないのだった。だから、限りなくあの男だと思えた。

そうなると、夢の男は夢から現実に抜け出していて、息子に接触するまで近づいている。というか、操りやすい子供を敢えて選んで接触しているように思えた。

あの夢の男、セノマチ。現実に息子と会い、夢で千切っていたネズミの頭を骨にして渡しているのだ。その行動から、あの男、セノマチは良くない者ではないかと危惧された。よくぞ、妻は息子がこんな骨を渡されていることに気付いたものだと思った。

心の一部ではまだ、夢の人物が出てきているなんておかしいという思いは残っているけれど、万が一そうだったらいけないと判断して、息子には「この骨は死骸であり、埋めて供養すべきものだ。可哀想だから、埋めてあげよう」と丁寧に説明して諭した。

そして、「もう、セノマチさんにこんなものを貰っちゃいけないよ。話してもダメだよ」と言っておいた。

ティッシュの上のその骨は、家の庭は嫌だったので、公園に埋めた。

それから、息子もセノマチさんを見かけてはいないようである。

それにあんなに見ていたあの変な夢であるが、龍造寺さんはもうずっと見ていない。

三十　男の子だよ

ある夜、瑠璃山《るりやま》さんは目が覚めてトイレに行って戻ってくると、奥さんの寝ているベッドのそばに奇妙な者が立っているのに気付き、身を竦めた。

最初は、奥さん自身かとちょっと思ったが、体型が全く違う。というか、二人が組み合わさってでもいるような奇妙なシルエットなのだ。細長い足が四本あって、それらが生えている胴から九十度以上曲げた長い首が一本伸びている。だから、首を倒したキリンを思わせる。けれどそれにしては小さい。床から首の付け根までがちょうど奥さんの身長くらいの高さで、首を九十度以上曲げているので、背の高さからするとキリンではなくヒトという第一印象を持ったのだ。

寝ぼけているのかと、明かりを点けた。

けれど、それは消えなかった。むしろ、はっきりと見えた。

キリンのように首の長い、しかしキリンではない四足獣である。毛は生えておらず、深海の生物か、皮を剥いだ魚のように生っ白い。その異様さに唖然とした。

そいつは首を倒したまま、瑠璃山さんに顔を向けた。横向きの人間の顔である。髪や眉といった毛は生えておらず、成人男性のような顔をしていた。ヒトだとしても知らない人物だった。

そいつは瑠璃山さんと目が合ったのを確認したかのように口角を上げると、

「男の子だよ」

とお告げをした。いや、ただそう口にしただけだろうけれど、瑠璃山さんにはお告げに思えた。

そいつはまた奥さんを覗き込んで「男の子だよ」と囁いていた。

自分がオスであるということをその少し掠《かす》れたような、しかし、意外に若い声で主張している可能性もあるけれど、瑠璃山さんの頭には別の意味が浮かんでいた。

「もしかして、男の子ができたのか？」

と問いかけたが、そいつは瑠璃山さんの方を向きもしない。近づくと、かき消すように姿が薄れていった。

奥さんはぐっすりと眠っていて、そんな出来事があったと聞いても半信半疑だった。

しかし、実際に奥さんは妊娠していた。

あの不気味なキリンのようなものが発した言葉からすると、お腹の子は男児だと思われる。が、エコー検査で双子だとわかった。ただ、生まれてきたのは男女の双子だった。

あの怪物が口にした「男の子だよ」というのはどういう意味なのか。

妊娠しているのは男の子だよという意味ではないのか。確かに、男の子は妊娠していたけれど、女の子も同時に生まれているから、それは予言としてどうなのか。まあ、あれは瑠璃山さん一人が見ただけであり、幻覚なのだろう。そんな幻覚をお告げだと気にすることもないのだろうけれど、あれだけはっきりと明かりの下で見て、しっかりと耳にしているのだから、気にはなる。

将来、息子の方が何かするのだろうか？　あるいは、息子があのキリンに似た、あの何かと同じ顔になるのかと心配であるという。

三十一　プールの水は血

夜中に、当時高校生だった礼田《れいだ》さんがトイレに行った帰り。

トイレのドアを開けて出ると、点けていたはずの廊下の照明が消えている。スイッチは階段のそばなので、首を捻りながら階段に向かうと、階段下に大きな人影が見えた。

そんなサイズの者は家族にいないので、礼田さんはギョッとした。

突然、礼田さんがスイッチに触れてもいないのに、階段の電気が点いた。階段下にいる謎の〝そいつ〟がスイッチを弄《いじ》っていたに違いない。そう思って見ると、スイッチの辺りには手は見えず、頭部があった。手前にいるそいつが、長い首を伸ばして、頭でスイッチを押したようなのだ。

明かりの下、視認できたそいつの顔には見覚えがなかった。不審者というよりも形態からしてバケモノだ。首が長く、四本足で立つ、まるで小さなキリンのような不気味な存在なのだ。そんなバケモノは、人間の男性の顔をしていたが、なぜかヘラヘラ笑っている。

　顔はヒトであっても、ニンゲンではない。腐った蛇か魚の死体から皮を剥いて露出させた肉のように、たるんで生白い皮膚をしていた。そんな気味悪く、キリンのように首の長い人面の四足獣なのだ。

　そいつが、

「プールの水は血。ヒヒヒヒヒ」

と、嫌な感じの高い声で意味不明なことを喋った。言うだけ言うと、階段をダダダダダと上っていった。

　すぐに後を追うことなどできなかった。が、意を決して二階に行ってみても、それはいなかった。

　それまでそんなものを目にしたことはなかった。祟られるような何かをしたからだろうかと悩むが、身に覚えがない。ただ、プールの水が血という言葉は不吉なので、それからプールは避けていた。特に泳ぎが好きなわけでもなく、スイミングで体を鍛えようという発想もないので、プールに行かなくても全く不便は感じなかった。

それもあって、この出来事は半年もすればすっかり忘れていた。

それから大分経って、礼田さんも実家を離れ就職することになった。その就職先で、仕事の相棒になった五年上の先輩が、あの夜見た、キリンのような長い首のケモノと同じ顔だった。どういう運命なのかととても気になったけれど、本人に昔見た化け物と同じ顔だなどとは言い出せないでいた。

その先輩とは気が合う方ではなかった。それは単に性格的なものであり、もう大人なのでその程度であれば文句など言わずに仕事はこなしていた。

礼田さんが、その先輩と組んで仕事をするようになって一年後、よくわからない理由で、その先輩は自殺した。理由がいまだに理解できないので、説明もできないのだけれど、それに加えて突然のことで大変驚きもした。

ただ、その先輩の葬儀には礼田さんも参列した。

死者にお別れの挨拶をするという段になり、まず、喪主の奥さんがご遺体を覗き込んだ。奥さんは小さな悲鳴をあげた。

棺桶の中に血が溜まっていたのだ。葬儀社のスタッフが駆けつけて何やら話しかけている。処置の提案のようだ。

「プールみたい」と喪主の奥さんが言葉を漏らした。その瞬間、礼田さんの頭に、

「プールの水は血。ヒヒヒヒヒ」

という あの怪物の言葉が響いた。礼田さんの全身にゾワリと鳥肌が立った。

お別れの挨拶は省略となった。スタッフがドライアイスをいっぱい足している中、遺体へ話しかけるのは省略して、顔を見るだけとなった。

目を瞑ったその顔が、やはりあの生白いキリンのような怪物に妙に似ている。なぜわざわざ未成年時の礼田さんの前にあんな格好で現れたのか、不思議というよりは、これからも縁が続いてしまいそうで恐ろしかった。死者を前に自分でも自分の想像が不謹慎であるとわかるが、嫌悪感を否定できなかった。それから先輩の遺族とは連絡は取り合っていない。

話は変わるが、この礼田さんが見たキリンに似た化け物は、前話の瑠璃山さんが見た怪物とそっくりである。ただ、礼田さんと瑠璃山さんに繋がりは全くない。

三十二　葬式魚

蠟崎《ろうざき》さんは夜店の金魚すくいでとった魚を、リビングに六十センチ水槽を置いてそこに放して飼っていた。すぐに死んでしまうものもいたが、むしろ生き残るものの方が多く、そんなもの達は丈夫で、どんどん大きくなった。視界に水があり、そこで生き物が動いているのは、思ったよりも精神衛生上、良いものだった。性に合っているのか、金魚が泳ぐ姿はいくらでも眺めていられそうだった。

ある日、金魚の水槽に動きがないと気付いた。近づいてよく観察してみると、水槽の底面に一尾の金魚が横たわっていた。鰓蓋《えらぶた》も動いておらず、死んでいるようだ。

奇妙なことに、他の金魚達が、その死骸を前に三列に並んでジッとしていた。死骸以外の金魚達も底で動いていないけれど、死者と生者とでははっきりと異なっていた。死骸は目が白く濁り、呼吸もしていないが、並ぶ金魚達は目も黒く、口と連動して鰓も動いている。姿勢を保持するためか、胸鰭《むなびれ》もゆっくりと動かしていた。

「金魚が葬式しとる。縁起が悪い」

と母親が呟いた。蠟崎さんの背後からいつの間にか母親が覗き込んでいた。自分しか見ていないと思っていたところに突然言われたことにも驚いたし、葬式という語や縁起悪いという不吉な言葉に一気に背中が冷えた。しかも、言い得て妙である。確かに葬式のようである。

金魚が葬式をするはずもない。何か意味はあるのだろうけれど、そんな不吉な行動を止めさせようと、蠟崎さんは死体を網で掬《すく》って水槽から取り出した。金魚達は底から泳ぎだし、いつものような遊泳を始めた。彼らは水質の悪化などで弱っているわけではなさそうだ。それで少し安心した。

それから数日が経過したある日、ふと水槽に目をやると、見たことのない、白黒の縞模様の魚が四尾もいた。ギョッとしていると、

「白黒の魚なんか葬式みたいや。縁起が悪い」

と母親が呟いた。確かに白黒の模様は鯨幕《くじらまく》を想像させる。

この魚はどこから入ってきて、そしてそもそもなんという魚なのか。調べようとスマホを弄っている間に、その白黒の魚は水槽の中から消えていた。それには母親も驚いている。二人して幻覚を見ていたのかと首を傾げた。

結局、その白黒の魚がなんだったのかわからないし、それ以降、見たことはなかった。

ただ、この前の金魚達の異常行動を見たときに続いて、〝金魚の葬式〟という不吉で、ギョッとする言葉を母親が口にしたことが、蠟崎さんはとても気になった。

そんな不吉なコメントをひきだすようなことが立て続けに起こっている。それは何かの予兆なのかと思えたのだ。例えば、誰か死ぬのかと危惧していたが、何年も人死にはなかった。

ただ、一連の金魚に纏《まつ》わる奇妙な出来事と母親の不吉な発言と繋がっていそうな気がする、ちょっと思い当たることがあった。

それは、そんなものが見られていた当時、父親が陰で女をこしらえていて、その女に騙されてかなりの額を貢いでいたのだ。知らない間に財産が減ってしまっていた。それは不幸と言えば不幸だ。

亭主が女で財産を減らすと、金魚が葬式をするという言い伝えなどはないし、関連性も強いとはいえないけれど、まさに貢いでいた時期がぴったりなので、家族ではそれに違いないと結論づけているという。

三十三　そうよ

和田《わだ》さんが帰宅し、駐車場に自家用車をバックで入れていると、ゴツンというような鈍い音がした。何かにぶつかった衝撃もある。

椅子をはねたのだ。そう思ったが、すぐに思い直した。いや、椅子なんかガレージに置いていない。

まさか……。

娘……か。

いや、常々ガレージでは遊ぶなと言っていたからそれはない。

でも、あの感触は。

もしかして。

いや違う。

いや、もし万一そうなら、介抱しないといけない。救急車を呼ばなきゃ。と、車外に出た。我が子を轢《ひ》いたという信じたくない現実から逃避したくてずっと車から出られずにいたので、おそらく、十分くらい経過していたのではないか。

足がもつれて転んでしまった。

が、痛くない。動揺しているけれど、アドレナリンも出ているのだろう。そして、車の後ろの状態を知りたくないと思っていた一方で、どうなっているのか知りたいという気持ちもあり、そんな矛盾した、統一感のない気持ちがごちゃまぜになった感覚のまま、車の後部に回った。

娘が倒れていた。今朝着せた服だ。変な形に首が捻られていて、後頭部を中心に血溜まりができていた。

うそや、うそやと思っていると、顔に息がかかった。

まるで、北斎《ほくさい》が描く鬼のような、醜悪な肌をした顔が間近にあった。荒れてカサカサになった肌を掻きむしって赤く腫れたようになっている。そんな畝《うね》のように、芋虫のようにうねって毛穴が開いた肌が間近にある。

あり得ない状況である。

それでホッとして「これは夢だよね」と和田さんは口にした。

鬼が答えた。

「そうよ」

女の子の声だった。我が子のものではないけれど、幼い女の子の声だ。恐ろしい容姿に全く不似合いな声だった。

それだけを聞くと不気味だけれど、和田さんは逆にその非現実的な出来事に出会って、これは全て夢なのだと安心した。

目が覚めた。

が、寝具の中ではなくガレージにいた。

車外に出ており、どういう経緯でそうなったのかわからないが、車の後部付近で倒れていた。なぜかそこで気を失っていたようだ。

周囲に娘の姿はない。だから、今まで夢を見ていたのだと思う。

けれど、なぜ、娘をはねる夢など見たのだろうか。そこがわからない。わからないけれど、最悪の出来事は起きていなかったのだ。

身体についた土を払いながら起き上がる。

身体は痛くないが、頭が痛い。外的な傷に由来する痛みではなく、内的な痛みだ。頭痛を気にしながら、玄関に回り家に入る。

幼い娘が廊下の奥からかけてきた。嬉しそうに出迎えてくれる。

失神する前に起きたと思っていた出来事はやはり全部、幻覚だったのだ。嫌な幻覚だが、幻覚であって本当に良かったと実感できた。

駆け寄ってきた娘を強く抱きしめる。しばらく抱きしめていたが、腕を解いて解放した。

娘が上目遣いに見ている。何か言いたげだ。和田さんは首を傾げて「どうしたの？」と問いかけた。

「ママに轢かれたの」

問いかけと重なるように娘がそう言った。

「車に轢かれたの？」

と和田さんは訊き返した。娘は頷いた。

和田さんの背中に冷たいものが走った。

実際に娘をはねていた？

しかし、この通り娘は無事だ。はねていたけれど、娘はそんなにダメージを受けていなかったのか。動転するあまり、血を流していたと勝手に思い込んでいただけなのだろうか。それとも、あれから何日も経っていて、実は娘は治療を受けて治っているのだろうか。

娘に色々質問してみたが、幼すぎるというのもあって、拙《つたな》い回答からはどうなっているのかわからない。ただ、スマホを点けて日付や現在の時刻を確認すると、気を失っていたのはほんの数分程度だということがわかった。

娘には傷はない。だから、はねていないように思える。はねていても怪我を負うほどではなかったということになる。ただ、娘がはねられたと言っているのが腑に落ちないが、それには目を瞑ることにした。

また別の日のこと。

知人の家に行った。知人はそのマンションの一室に住んでおり、エレベーターに乗って向かった。そのときに、犬を抱いた女性と乗り合わせた。その犬が、見慣れぬ和田さんを目にして、激しく吠えかかってきた。

飼い主は制止しようと、その犬の口を手で塞いだ。それが気に障ったのか、犬は手を振りほどくと、飼い主の顔に咬みついた。痛さに飼い主は顔を振った。

飼い主の口の辺りから出血していた。傷は意外に深いらしく、ポタポタと血が滴り落ちている。とっさに抱いている犬を放して自分の傷口を押さえている。

床に落ちた犬は激しく吠えながら和田さんの脛《すね》に咬みついた。咬みついて頭を振る。目の前の飼い主の顔のように肉をちぎられてしまうという恐怖と痛みから犬の頭を拳で殴りつけた。それで犬は口を離した。

けれどまた咬もうと飛びかかってきた。その頭をさらに殴った。そこからは夢中で犬を殴った。

と、顔に息がかかった。

あっ、とある記憶が甦った。

娘を轢いたときのアレだ。

見ると、あの鬼の顔があった。何か皮膚病で腫れ上がったかのようにゴツゴツとして荒れていて、赤い。そんな肌の鬼だ。受け口で大きな牙が覗いている。

ああ、これは夢なのだと気付いた。そう口にもしていた。

「そうよ」

鬼は、あの少女のような声で答えた。

我に返ると、帰宅して夕飯を作っていた。

その少し前に、あのマンションで知人に会っていたことになっている。ただ、エレベーターでの惨劇は和田さんの記憶にしかない。

夢も含めて、記憶ははっきりとしていた。現実に起きていないことだろうけれど、犬の凶暴な吠え声、飼い主の傷からしたたり落ちる赤い血、殴った手の痛み。不思議なことに、和田さんの右手の拳が、実際に犬を殴っていたかのように腫れていた。が、それは知らない間にどこかにぶつけていたに違いないと納得することにした。

それからだいぶ経ったある日。

和田さんは母を亡くした。

交通事故だった。危険運転をした者に轢かれて命を奪われたのだ。

元気だっただけに、突然の他界が信じられず、戻ってきた遺体を目に唖然としていたと、顔に息がかかった。

少し希望を胸にしてそちらを向くと、あの鬼の顔があった。

うわっ
という声がした。それは和田さんの父親の声だ。母親の遺体を引き取ったときに一緒にいたのだけれど、その父親にもその鬼が見えているようなのだ。というか、これは夢ではないのか。

鬼は和田さんから距離をとり、目を見ながら、

「そうよ」

と少女のような声で言った。それは和田さんだけでなく父親の耳にも届いていた。

鬼は背を向けてその場を去っていった。

父親だけでなく、そばにいた人々もあれはなんだと驚いているのが声でわかった。

あの鬼は、自分の脳内で作り出した、恐怖や嫌なことを和らげる存在なのだと思っていた。が、これまでの鬼の慰めの言葉も全て嘘で、実際には娘を轢き殺して、犬を殴り殺していたように思えてきた。現実にはまだ生きているものを殺したという矛盾は理屈ではわかるのだけれど、その後に生き返るなどしているように思えるのだ。

そうであれば、無念の死を遂げた母親も生き返ってくれればどれだけ良いか。そう願

うのだけれど、亡くなった母親は甦ってはこなかった。
あの鬼は、もう、夢から出ていってしまったのだろうか。
それからは、もう、夢でも見ることはなくなった。

三十四　蟒《うわばみ》に出遭った話

赤西《あかにし》さんが彼女と、たまには外で軽く体を動かそうと、ドライブも兼ねて県境の山に行き、ハイキングしていたときのこと。

その山自体ではないけれど、近くにかつて山城が存在し、そこで戦国時代に合戦があった。その山にも、戦闘は起きていないものの砦があったと聞いている。が、そんな争いの雰囲気は全く感じられず、のどかな山道だった。その日は、とくに目標もなく登っていた。山頂を目指すわけでもなく、砦の跡を見るわけでもない。山菜を採ろうという目的もなかった。一般的にも、そんな感じで純粋に山登りを楽しむために入るような山なのだろう。普段からそうなのかはわからないけれど、そのときは赤西さん達の他に登山客も山菜採集者もいなかった。

二人は川沿いをのんびりと歩いていた。川を挟んで向こう側は森になっている。

その森に大きな物が動くのが見えた。それには彼女も気付いた。

巨大な蛇であった。頭部が樹木越しに見える。その大きさが軽自動車ほどもあった。

驚きから過大評価しているかもしれないが、とにかく、通常の蛇の規格からは大きく逸脱しているサイズであった。

二人の出す、恐怖と驚きの感情を察知したのだろう、その大蛇、つまり蟒は川越しに二人に目を向けた。

目が合って、赤西さんはゾクッと身震いした。

が、蟒はフンと興味なさげに顔を背けると、川上に進んでいった。その大きな胴をしばらく二人は眺めていた。

我に返って、今のを見たかと確認し合う。あり得ないくらいに巨大な蛇である。海外のアナコンダでもあそこまでデカくはないだろう。もう、昔話に出てくる蟒のレベルだ。なんなら、モンスターのドラゴンの域ですらある。そんな架空の存在として認識していたものを実際に見てしまった。幻だろうか。幻覚を見ていたのだろうか。

それにしては二人で見ているし、あれがいた部分の木々にはそこを大きなものが動いていった跡のような間隔が空いているように思える。

蟒が進んでいった方向に自分達が向かう気にはなれなかった。それで、頂上に向いていた足を戻る方向へと変えた。そのまま山を下りた。

それぞれの家に帰った。

まず、赤西さんがしたのは蛇の世話だった。彼はそもそも蛇好きで、蛇にベストな環境にするために一部屋を恒温室にしていたくらいだった。エアコンを付けっぱなしにしているのだ。そこに飼育許可が必要な蛇まで飼っていた。

リビングには、自分で捕まえたアオダイショウのケージがあった。蛇を飼育する中で、最初に飼ったもので、愛着があり、常に眺められるようリビングに置いているのだ。

そのアオダイショウに餌を与えようと、上部の蓋を開けた。アオダイショウが見上げている。そのアオダイショウは口を開くと、

「今日、ウワバミさんを見たんだって。いいなあ。会いたいなあ」

と言葉を発した。呆気に取られていると、ケージを抜け出して、窓から外に出ていった。慌てて追いかけたが、見失ってしまった。

まさか逃げ出すとは。帰ってきてくれるだろうか。なんだかもう帰ってきてはくれない気がしていた。

沈んだ気持ちのまま、他の蛇も餌をやらねばならないことを思い出した。凹んでいる場合ではない。いや、凹《へこ》んでもいいけれど、餌はやらねばならない。

そう気を取り直して、赤西さんは部屋に帰り、恒温室に向かった。

そのときに、なぜか、ふとある考えが頭に去来した。

あの逃げたアオダイショウはなぜ、今日、蟒を見たのを知っていたのか。そういうのは蛇にはわかるものなのだろうか。とすると、他の蛇はどうなっているのか。

そんな心配な気持ちが湧き上がってきていたのだ。

また無理矢理逃げられてしまうのではないかと、玄関に戻りドアにしっかりと鍵をかけた。それに続いてドアと窓を施錠していく。恒温室にも窓があった。あそこは大丈夫だろうかと、足を速めて恒温室に向かった。

心拍を高めながら恒温室に入ると、目の前のケージの上部が開いていた。

うわ、逃げられている！　あれって、逃げたら届けないとアカンヤツ！

……と青くなって一旦、周囲を見渡し、窓に目を向けた。

窓の下の壁に巨大な力で圧《お》しつけられたように、逃げ出した蛇が平たく潰されて死んでいた。

背筋に冷たいものが走り、一気に鳥肌が立っている。

他のケージはと見ると、ちゃんと蓋は閉まっていた。が、閉まっているケージでは中の蛇達がケージの壁に圧しつけられたようになって潰れていた。

どれも死んでいた。まるで、強い力でケージや部屋の壁に圧しつけられたように潰れている。蟒が磁力のような遠隔的に作用する力を使って無理矢理に引っ張って、でも、出口がないので潰れてしまったように思えた。

しばらく力が入らず、呆然としていたという。

それから我に返ると、急に体から何か心の一部が抜き出されたかのように、熱が冷めてしまった。蛇好きの熱が冷めてしまい、もう蛇を飼う気はおきなくなっていたのだ。

そんなことは起きていないし、蛇も飼っていなかったのだけれど、なぜか彼女も憑き物でも落ちたかのように、同様に好きではあった蛇への情熱が冷めてしまっていた。

三十五　怖い卵を産む

池田《いけだ》さんと海野《うんの》さんは、共通の友人の家を訪ねた。共同住宅ではあるけれど、エントランスにはロックがかかっておらず、部屋の前までは誰でも入れる構造だ。二人は友人の部屋がある六階に着いた。共用廊下を進み、目的の部屋の前に到着し、チャイムを鳴らすと「ちょっと待って」と中から声がした。部屋を片付けたいとのことだった。

と、いつの間に現れたのか、後から付いてきた気配はなかったのに、女の子が二人に向かって近づいてきていた。三、四歳に見える、レースが付いた服を着た可愛い子だった。

少女は何か口ずさんでいた。メリーさんの羊のメロディーかと思った。

殆ど「んんん～」としか聞こえなかったが、ときたま「殺す～」と混じっていた。まさかと耳を疑った。

呆気にとられている池田さんと海野さんの間を、少女は体をわざわざ接触させて通り抜けた。何もそこを通らなくとも向こうに行けるのにと、少し不自然な気がした。

その子には見覚えが無かった。知っている子でふざけてやったというのではない。顔を見たが、日本人離れした整った顔をした金髪の少女である。ちょっと怖くなるような綺麗さだった。

少女はゆっくりとした歩調で二人の間を抜け、廊下の突き当たりを右に曲がっていった。そちらには部屋は無く重い扉が付いた非常口だった。異様な雰囲気に飲まれていたのだろう、二人はその様子をずっと目で追っていたのだ。

突然、海野さんは白目を剝いて、ううう、と苦しそうに唸りだした。大丈夫かと肩を掴むと、「さっきの女の子が……」とうわごとを口にして体の力を抜いた。気を失っている。

部屋から出てきた友人と海野さんを中に入れて介抱していると、

「さっきの（女の）子が（この）奥で怖い卵を産んでる」

と不気味なことを口にした。

その言葉に、池田さんはギョッとするし、友人も顔を引き攣らせていた。

しばらくして海野さんは意識を取り戻した。気分が悪くなったことについては自覚はあるものの、意識を失っていたことに驚いており、うわごとについて訊いても憶えていなかった。

その部屋の友人は二人からさっきの少女の話を聞いたが、そんな子は知らないと言う。ただ、海野さんを抱きかかえたときに、廊下に小さな足跡が付いているのに気付いたことは口にした。池田さんにも海野さんにもそんな足跡があったという憶えはない。忽然《こつぜん》と現れたように見えた。

そんな気味の悪い足跡だが、思い当たることがあると、その部屋の友人は言う。たまに、誰の仕業か知らないけど、さっきのような赤い小さな足跡があるんだよねと気味悪がったのだ。ただ、そこにあるものも以前に目撃したものもはっきりと指の跡が見えるので、裸足のものであり、二人が見た少女は多分靴を履いていたので、その少女の足跡ではないようにも思えた。

思い返しても、やはり池田さんは言われるまでその足跡には気付いていなかった。赤い小さな足跡というのは印象的で、あったら気付いていたように思えた。それもあって、その足跡を確認しようということになった。海野さんはすっかり普段通りに戻っていたので、三人で廊下を進んだ。たしかに、赤い小さな足跡が突き当たりまで続いている。

しかも、あの少女が曲がった右にその足跡も曲がっていた。

三人は恐る恐るさらに足跡を辿った。

突き当たりで右を向くと、血溜まりが見えた。池田さんは身を竦めた。他の二人もギョッとしているのが伝わってくる。

非常口の金属製のドアの前にある、その血溜まりには卵が落ちていた。鶏卵《けいらん》のようだが、真っ赤に塗れていた。

三人で顔を見合わせる。

と、次に卵に目をやると、その卵が割れていた。なぜかついさっきまで無かった赤い小さな足跡が血溜まりからこちらに向かって続いていた。

三人は押し合うように廊下を駆け戻った。

そのマンションに住む友人は、その後もたまに赤い足跡は見かけることがあった。ただ、二人が見た少女に会ったことはない。そして、その子が誰なのかということもわからない。

ただ、実はそのマンションについては、別個に不穏な話を耳にしている。

別に事故物件というわけではない。以前、墓地だったとかでもない。

そういう不吉な因縁は聞かないのだけれど、なぜか、ペットがすぐ死ぬらしい。

三十六　プールにいっぱい浮いていた

昭和の頃。

海老原《えびはら》さんは学校近くに住んでいた。二階の自分の部屋の窓から学校が見えた。すぐそばにはプールがあって、夜にそちらを覗くと、他の同級生は見ることのない、夜のプールのちょっと不気味な姿を見ることができた。

ある冬のこと、午前六時という早い時間に目が覚めてしまった。妙に目覚めが良くて、まだ早いから二度寝しようという考えは起きず、服を着替えた。

何気なく窓から外の景色を眺めた。

前述のプールがある。そのプール一面に、薄ピンクのものがいっぱい浮いていた。異様なモノを目にして身が竦む。

脳だ。

そう思ったのだ。これって、人間の脳みそじゃんかと思ったのだ。それは要は大脳を目にしたということであり、内臓を見たこともないし、皮膚が切れて肉が露出するのすら見たこともない海老原さんからすると、脳を見るというのは最大級に気持ち悪いことであった。

キモキモキモッと震え上がり、一階に駆け下りた。そこには母親がいるはずだ。予想通り、父親はもう出勤していたが、母親は起きたばかりのようで着替えているところだった。いつになく早起きの息子に「プールに脳みそがいっぱい浮いている」と意味不明なことを言われ、言われるままに二階へと足を運んだ。

外に目をやった母親は、のけぞって驚いている。パニックになっているようで「お父さんは？　オトウサンハ？」と、冷静になればもう仕事に出ていて、そこにはいないはずの夫を探して寝室を出たり入ったりしていた。海老原さんに指摘されて夫はいないと気付いたものの、まだ浮ついているようで、

「これは学校か、警察か、どっちもか」

と言いながら階段を下りていった。そして電話の前で「警察は119だっけ、110だっけ」と言いながら、119にかけていて、「間違えました」と電話を切っていた。

子供ながら、これは見事な狼狽《うろた》えっぷりだとただただ眺めていた。

「うわあ、どうしよう、どうしよう、ああ、学校に行って直接言えばいいんだ」

と言い出した。確かに、海老原さんにもそれが良さそうに思えた。それで頷くと、

「じゃあ、一緒に出よう、一人じゃ行けないもの」

と母親は海老原さんの目を覗き込んだ。

そんな早くには学校にはまだ教員は来ていないだろうとも、今なら思うけれど、そのときはそういうことになった。

母親は支度をしに部屋に戻っている。じゃあ僕も登校の準備をするかなあと考えながら、ふと窓の外を見ると、プールにはあれが浮いていなかった。

視線を一旦離してまた見返したが、やはり消えている。それで、母親を大声で呼んだ。

「ママ、脳みそがない！」

ドタドタと階段を上ってくる音がした。母親が部屋に駆け込んできて、窓からプールへと視線を走らせた。

膝から崩れ落ちて「ああ、良かった。よかった、よかった」と何度も口にしていた。

特に墓地の跡に建った学校でもないし、それからはそんな脳も見ないし、校内で怪我で脳が露出するような事故も起きていない。

三十七　テントが張られる

一戸建てに住んでおられる、尾上《おのえ》さん夫妻から聞いた。

ある晩遅く、もう深夜二時を回っているくらいの真夜中に妙に気になって玄関を開けてみると、門から玄関ドアまでの数メートルの間、つまりアプローチ部分に、テントが張られていた。尾上さんはテントなど持っておらず、誰かが勝手に設置していると思える。

謝ることではないのだけれど、「すいませ〜ん」と、恐る恐る声をかけた。

しかし、返事はない。

返事どころか人の気配すらしないので、思い切ってテントのファスナーを下ろし、中を覗いてみた。誰もいない。荷物すらない。もしかすると、風で飛んできたのだろうかという気すらする。それにしては入り口がちゃんとこちらの玄関に向いていて、向きを考えて置かれていたように思える。偶然だったら、もっとズレているだろうと思えるのだ。

警察に言うべきか。いや、犯罪性は感じられないし、警察が扱うものではなさそうで職務の迷惑になるのではないかという気がする。

他県に出ている長男に相談しようと思って、説明のためにそのテントをスマホで写してみた。

奇妙なことに画面には何も置かれていないアプローチが写っていた。テントが写っていないのだ。しかし、肉眼でははっきりと見えている。触《さわ》れもするのに、写らないのだ。自分の目を疑って、ベッドでぐっすりと眠っている奥さんを起こして見てもらった。奥さんにも見える。触れもする。しかし、奥さんのスマホで撮ってもテントは写らないのだ。

他の人にも見てもらいたいが、この時間に呼び出すのはどうかと思ったので、明日、友人を呼んで見てもらうことにした。

翌朝には、あのテントはなくなっていた。

それも不思議だが、二人とも毒気というか瘴気《しょうき》に当てられたように、身体がだるくて仕方がなかった。

友人や長男に話すと、見間違いだろうとか、幻覚だとか、寝ぼけていたのだろうとか、全く信じてもらえなかった。

確かに見たのになあ、と二人で話し合っていた。

試しにその晩の二時過ぎにアプローチを覗いてみた。が、もうあの不思議なテントは張られておらず、たった一回だけの不思議な出来事だったのだとそう理解していた。

しかし、一週間ほどして、また、深夜に妙な胸騒ぎがした尾上さんが玄関を開けると、あのテントがあった。記憶にあるテントと同じ型のものだ。奥さんを呼んで確認し、二人で相談して、あのときに馬鹿にしていた友人に連絡した。

やってきた友人はテントを目にして驚いたものの、バカにされたのが悔しくて、尾上さん自身がこのテントを買って設置したのではないかと言い出した。

尾上さんが買ったものではないという証拠を出すことはできなかったが、その友人にスマホで撮ってもらうことにした。そのスマホでもテントだけは写らないので、友人もやっと信じるに至った。ありえないありえないと言いながらテントを触りまくり、とうとう、これを解体して持ち帰って調べると言い出した。

それはどうかと尾上さんは思ったが、なぜかテントが三人の目の前から消えていた。瞬きした瞬間に失くなった、そんな感じだった。

三人で幻覚を見ていたのか、いや、こんな幻覚があるかと、熱を持って話し合った。結局は結論など出ず、それぞれ引き上げたが、三人ともが翌朝、虚脱感を覚えて、その日ずっと具合が悪かった。

それもあって、尾上さんはもう夜中に玄関先は見ないようにした。もともと、夜中に出かける習慣もないし、朝にテントを見たこともない。実はもっと前からそのテントは夜中だけにあったのかもしれないと思える。そうだったとしても、別に生活には支障がなかった。だから、夜中に玄関から出なければいいだけで、そうしたところで困らないのだ。

しかし、あるとき、夜中にチャイムを激しく何度も鳴らされた。

ドアスコープを覗くと、犬のリードを握りしめた、近所の男性の姿が見えた。怒りの表情を浮かべている。

応対するのは嫌だったが、チャイムを聞いて「はーい」と返事をしてしまったし、明かりも点けたので、居留守は使えない。

ドアを開けると、毒を撒いたのかと詰め寄られる。

男が手にしたリードの先には、地面に横たわった犬がいた。全然、動かないから死んでいるようだ。その男が言うには、その犬が走り出して、思わず手を放してしまい、勝手に尾上さんの玄関先に入っていってしまったのだという。駆けつけたときには倒れていたので、毒餌《どくえ》でも食べたのかと言うのだ。

いいがかりでしかないので、警察を呼んだ。

その場はそれぞれの聞き取りがなされて、男も帰っていった。結局、その犬は中毒死ではなかったようで、潔白が証明された。

ただ、あの犬がうちのアプローチに飛び込んできたときに、ちょうどあのテントがあって、それに触ったんだろうなと尾上さんには思えた。あのテントと関わったら最悪の場合、死んでしまうんじゃないかと思えて、深夜に胸騒ぎがして目が覚めてもアプローチには出ないし、もしあのテントを見ても無視することにしている。

三十八　長イタチ

人は死んだら無になる。

生命体には魂は入っておらず、「生きているという動作をしていること」を「魂がある」と比喩として表現しているのだと唐沢《からさわ》さんは主張する。ゆえに、「死者の魂が生前の姿で現れる」という幽霊は実在せず、多くの人に言及されてはいるがそれは空想上の存在である。ただ、冒頭の言葉通り「人は死んだら無になる」という意味で死は怖いものである。また、幽霊とは別に、自分には理解できない事柄は存在するとも感じている。ただ、そのわからないものは、あくまでもわからないものであり、幽霊ではないというのだ。だから、以下のような奇妙なモノを見たという事実は唐沢さんは全く疑っていないという。

そのとき、唐沢さんは全く酔ってはいなかった。そもそも酒など飲んでいなかった。

健康のために毎晩、軽い運動をすると決めてウオーキングしていたから、そこは確かだ。

　仕事が遅くまであったので、そんな散歩は深夜になっていた。深夜ではあるけれど、幽霊などいないとわかっているから、そんな人気のない夜道を一人で歩いていても全く怖くはない。人に襲われるという心配もしていない。自称デカイブオトコで、汚いオッサンなので、そんな者を襲う者などいないだろうと考えていた。性的なものではなく金銭目当てという線もあるだろうし、性愛の対象としてそういうのがドストライクな人もいると私は思うけれど。

　住宅地の狭い道を進んでいた。外灯の明かりが薄暗い。と、前方を細長いものが横切った。にゅるるるると、蛇のようにうねって進む何かだ。何匹かのネコが連なっているのかと一瞬思ったが、切れ目がない。ずっと繋がっているのだ。細長さというか、フォルムはイタチのようだ。しかし、イタチが連なっているのでもなく、一匹の「長いイタチ」のような、黒っぽくて細長い「何か」が行く手を横切っているのだ。そう、何匹もいなくて胴が長いと思ったのは、足が最初に二本見えたきりで、続く後ろ足がまだ出てきていないからだ。細長い胴がぬるりと右から左へ動いていっているのだ。後ろ足と、地面を引きずる箒のような尻尾が目の前を左に移動していく。

同じような景色の連続が、一瞬、途切れたのだ。すぐに何かが続いて現れた。四つん這いの女だ。それが、あの長い生き物に続いて同じ方向に進んでいく。髪が長くて、細い四肢。ワンピースを身に着けている。

女は、一度止まるとこちらに顔を向けた。嬉しそうに笑っていたが、こちらは嬉しくはなかった。暗くて離れているのに、なぜかはっきりと見えた。左右の目の高さが明らかにズレた、知らない人だった。

身体が硬直し、両腕と背中の血がスッと下がったように寒気がする。

女が横切るとそれで終わりだった。前方は薄暗い道が続いていた。

奇妙な動物と女は、その動きから判断して、ある家の門を潜《くぐ》っていたことがわかる。気になって、その家の前まで歩を進めた。その門から玄関先を覗くと、地面にツバメの雛と親鳥が腹を向けて死んでいた。

その死体がやけに怖い。唐沢さんは、怖さにしばらく硬直していたが、ハッと我に返った。自分の膝が震えているのに気付く。左腕が痙攣していて止まらず、異常であることがわかる。さっさとそこを後にしたが、左腕の痙攣は家に着くちょっと前まで止まらなかった。その自分でも制御できない左腕の動きが、やけに怖かったという。

三十九　ケンケンする子

工芸家の宜保《ぎぼ》さんは大変ユニークな人で、初めてお目にかかったとき、上下とも緑色をした蛍光色のスーツを身につけていた。そんなのは吉本新喜劇でしか目にしなかったので、それまでは一般人が購入できないような特殊な舞台衣装だと思っていたほどだ。そんなスーツではあるが、宜保さん的にはあくまでもスーツなのでフォーマルな服装であり、人に会うからと、彼なりに気を遣ってくれていたのだ。だから、風変わりではあっても、気遣いをしてくれる良い人なのだ。ただ、服装についてはそのように納得できるとして、髪型はフォーマルとはいえないモヒカンだった。

そんなユニークな宜保さんだが、以下に記す体験をしたときは、「こんな髪型だったんです」とスマホの写真を見せてくれた。左側頭部に片仮名で〝カマ〟となるように髪を残して剃り上げていた。「鎌ってかっこよくて、魔除けでもありますよね」と目を輝かせて熱弁していたのを憶えている。当時で三十代後半だったが一般的な感覚からはかなり乖離していることがうかがえる。

その日、宜保さんは午前零時過ぎに昼食を終えた。宜保さんは典型的な夜型人間であり、起床した夕方に食べるのが朝食で、深夜に食べるのを昼食と呼んでいた。その後、午前三時頃に食べるのが三時のおやつである。その日も昼食後に、おやつを買いに外へ出た。

その時間からリーズナブルな価格のスイーツを買えそうな店舗はコンビニエンスストアしか思い浮かばなかった。それは通い慣れたコンビニだった。

偶々、気分を変えて違う道を通ろうと思った。なぜ、その道を選んだのか、後から考えるとちょっと不思議だが、いつも通る明るくて広い道ではなく、少し遠回りだけれど、外灯が少ない細い道を進んだ。

と、道の先に上下に跳ねている小さなものが見える。しばらく惰性で進むと、三、四歳くらいの男の子が片足で跳びはねているのだとわかった。辺りは他に誰もいない。こんな時間にあんな小さな子がいるなんておかしい。しかも、ケンケンしているのだ。

ただ、なんというか、幽霊や妖怪というより、人間のように思えた。白いシャツに半ズボンという服装がいかにも現代人だと思えたのだ。そのときの宜保さんは一つ目小僧や座敷わらしのような妖怪かもしれないと想像していて、そんな子供のお化けなら着物だろうと考えたので、あのケンケンしている子供は妖怪などではなくてとても人間ぽいと感じたのだ。現代の子供の幽霊という可能性は無いのかと私に指摘されて、そういえばそうだけれど、そのときはそう思えて、人間だと確信したのだと答えてくれた。

「ボク、こんな遅くに何してるの？」と、宜保さんはその子のそばに近寄って訊いた。

「ここでケンケンしてなさいと言われた」と、その子は答えた。

「お母さんに？」

との問いにその子は首を横に振る。お父さん？　との問いにも同様に首を振る。

自分から始めておいてなんだが、これはダメなパターンになってると宜保さんは後悔し始めていた。「誰に？」と訊けば良かったと思いながら、「じゃあ、お祖母ちゃん？」と訊いた。

その子は首を振った。ますます後悔は募ったが、この流れだからあと一つ、お祖父さんを訊こうと思った。それで、口を開いた瞬間、

「変なおじちゃんに」

とその子は先回りするように答えた。

「何それ。変なおじちゃんって、誰なの？」

「知らない人」

その子は困ったような顔をした。

なんとも頼りない答えだ、と宜保さんは危惧した。もしかするとこれは誘拐ではないかと心配になった。それで、「お母さんが心配しているはずだから、もう帰りなさい」と言うと、その子はうんと頷いた。

が、家がどこかわからないようだ。

そんなやりとりをしている間に、宜保さんはもしかすると、犯人は車を取りにいくなど、この場にこの子を置いて一時的にどこかに行かなければならないような、何らかの用事ができたのではないかと思えてきた。ケンケンさせていたのは、勝手にどこかに行かないように作業を与えていたのではないか。だとすると、もうすぐ、犯人は戻ってくるのではないか。そう思うと、犯人から暴力を受けそうで恐ろしくなってくる。それで、早速、その子の手を引いて、家を探すことにした。

幸いにも、その子は家の前まで来たらわかるかとの問いに頷いた。

それで、その道を先に進んでいった。

急に、「あれ」と子供が指さした。その先にはアパートがあった。その子は繋いでいた手を放すと駆け出していった。

その子は指さしていたアパートの一階の、ある部屋の前で立ち止まった。明かりは消えている。その子は宜保さんに顔を向けて、そのドアを指していた。子供の記憶なので間違いの可能性もあると頭に浮かんだが、勇気を出してチャイムを鳴らした。

しーんと静まりかえっている。

が、もう一度鳴らすと、明かりが点いて、「はーい」という女性の声がした。

そのドアを開けて出てきたのは、三十前半くらいの女性で、パジャマを着ている。ドアスコープで見ていたのだろう、開けるなり「クニオちゃん」と子供に呼びかけた。

続けてどうしたのかと母親に訊かれたその子は「変なおじちゃんに連れていかれた」と答えた。

母親は不審そうな視線を宜保さんに向けた。頭にカマという字だけを残す奇妙な髪型をしている我が身に気付いて、宜保さんは慌てて手を振って否定した。クニオくんもこのおじちゃんではないと否定してくれた。連れていったのは、別の変なおじちゃんだと重ねて説明する。

しかし、母親には変なおじちゃんには心当たりが無いようだった。誰が連れ出したかはわからないが、そう言っているだけで実は寝ぼけて勝手に外に出たのかもしれない。そういう判断が働いたようで、「大事《おおごと》にならないで良かった。ありがとうございました」と礼を言われ、宜保さんもそれ以上そこにいる理由も無いので、その家を離れた。

良いことしたなとコンビニでは上機嫌で、デザートも二個買ったりして、終始機嫌良く買い物を終え、店から出た。

帰路にも、またあの道を通った。自分のやった良いことを反芻《はんすう》したかったという気持ちもあったのかも知れない。ああ、ここで俺は子供を助けたのだ、と。

細い夜道でまた、飛び跳ねている小さな人影を見た。うそぉ、と呟きながら歩を進めると、クニオくんがケンケンしていた。ダメじゃねーか、と駆け寄って手を取るが、クニオくんはぼうっとしている。

母親はちゃんと見ていないのか。せめて眠るまで様子を見ておけよ、と少し怒りが湧いてきていた。送り届けたクニオくんを見たときのあの母親の驚いている雰囲気からして、夜中にいなくなるのはいつものことではなく、今日初めてあったことみたいだ。

じゃあ警戒しろよ、油断するなよと改めて思った。

クニオくんの部屋に着いて、チャイムを鳴らす。今度は母親はすぐに出てきた。なぜか、不可解そうな顔をしていた。が、宜保さんのそばに立ったクニオくんを目にするなり、驚きの表情を浮かべた。

母親が振り返って部屋の中を見たので、宜保さんは釣られてそちらに目をやった。部屋に布団が敷いてあり、そこに寝ている子供の頭が見える。クニオくんだとわかった。

「え？　クニオちゃんが二人？」と宜保さんは思わず口にした。母親は困ったような顔を宜保さんに向けた。

二人が困惑しているその隙を衝くように、連れてきたクニオくんは二人の間を抜けて、部屋に入っていった。

「あのクニオちゃん、何者？」と思わず母親が口にしていた。

何が起きているのかわからない。ただ、その場にいるのが気まずく、実際に宜保さんにはどうしようもないので、気にはなるけれどその場を去った。そのときもクニオくんは二人いて、一人が消えたわけではなかった。

そのときは帰ったけれど、後になって凄く気になる。二人のクニオくんはあの後どうなったのだろうか、と。

後日、宜保さんはクニオくんの家を訪ねた。

クニオくんが出迎えるように顔を見せた。それは一人だけだった。良かったという思いがあり、

「クニオちゃんは一人に戻っていますね」と宜保さんは笑顔を向けた。

「ええ」と母親は浮かない表情だった。

「あの後どうなったんですか?」と訊くと、口を濁すように、

「ちょっと、そういうのは悪いですけど、そういう家庭の事情ですから、他人様《ひとさま》に言うことじゃないんで……」と困ったような、ちょっと怒ったような顔をした。

それで、宜保さんにはそれ以上つっこんでは訊けなかった。「一人に戻ってよかったですね」と告げて帰った。

その出来事から五年経っている。その間、あの部屋から母親が出てくる姿は見ることがあった。しかし、クニオくんの姿は見かけなかった。もう小学生になっているだろうから、学校に通うはずなのに、姿を見かけないのだ。不思議ではあるが、あの母親に直接、どうなったのか、とはもう訊けない。

その近くというか同じエリアに住む知人に以上の体験を話すと興味を持って、進んで色々調べてくれた。彼曰く、「確かにあそこは昔、男の子がいたけれど、お母さん一人で住むようになって結構長い」という。留学とか里子に出したとか、そういう事情があるのかなあと思うけれど、クニオくんは二人とも消えてしまっているんじゃないかとか、最初に遭ったクニオくんからしてニセモノではないか、というような、もっと不気味な、嫌な想像をしてしまい、怖ろしいのだという。

四十　血の滲む努力

ケンジョウコウイチさんが、ある深夜に外出した。住んでいたのはマンションの十一階で、部屋を出てからエレベーターに乗った。

最上階に止まっていたエレベーターが降りてきたのだが、そこに子供が一人で乗っていた。

濃いオレンジ色のランドセルを背負った女の子だ。小学校低学年くらいに見えるが、度の強そうな大きな眼鏡をかけており、このマンションの住人とは思えない、見かけない子供だ。腕時計を見ると、時間は午前二時を少し過ぎている。

怪しい。怪しすぎる。そう思えて、乗るのを躊躇した。

女の子は、ケンジョウさんを見上げた。黒目が小さく、白い部分が大きい、そんな目が薄気味悪い。

幽霊のような人外のものかとも思うが、すぐに我に返った。虐待かもしれない。その方が可能性は高い。幽霊なんて現実的ではない。そして、もし、そうだったら保護してあげなければならない。

そう思って、声をかけようと口を開いた。が、その瞬間をとらえるように、

「残念、幽霊の方」

とその子供は嬉しそうに口を裂けるほどに開いた。

「ケンジョウコウイチくん」

唖然とするケンジョウさんに向かって、名前を言い当てた。それもフルネームでだ。と、同時にその子は消えた。

もう、用事はどうでもよくなって、部屋に逃げ帰った。ドアも窓もかけられるところは全てしっかり鍵をかけ、明かりは消さずに朝を迎えた。

その日から部屋では誰もいないのに物音はするし、蛇口を閉めたはずの水道は出しっぱなしになっていることがあるし、電子レンジやエアコンなどの電化製品が勝手に点くようになった。

水道代と電気代がその分だけ高くなってしまっている。

なんでここまでされなくちゃいけないのか。声をかけただけなのにと、虚空に問いかけるが、虚しいだけだった。対策として神社に行って厄除けの札を貼った。何社も試したのだけれど、怪異は収まらなかった。

経済的なダメージが少々あるものの、慣れがでてきていた。取り憑いているあの子供の姿をした魔物にずっと見られているのだという恐怖と嫌悪感も薄らいでいた。相手の姿が見えなかったというのもあるのだろう。当初はあいつの目を気にして、自慰行為を我慢していた。けれど、開き直ってやってみた。やけになったというのもあり、むしろ〝血が出るほど〟やってやった。

と、それからは、音も気配も消えて、水道や電化製品の異常も全くなくなった。呆れたのか呪術的な意味があるのかわからないが、あの自慰行為が効いたのだとある種、誇っている。

四十一　頭の腫れた人魚

香港からの留学生、崔《さい》さんから聞いた。

又聞きにはなってしまうけれど、今も香港に住む崔さんの友人の体験である。

彼はあるアパートを訪ねた。まだ日も高く外は明るいのに、その共用廊下は薄暗い。まだ季節は晩夏で半袖でも暑いけれど、なぜか、その廊下は薄ら寒く、腕には鳥肌が立っていた。

目的の部屋は奥から二つ目だが、その途中に奇妙なものがいた。

タイトルにもある通り、頭が腫れた人魚と表現したくなるものである。

ヒトの上半身である上体を起こし、魚体である下半身をこちら側に投げ出している。

下半身の先は尾鰭になっている、マーメイドの形態だ。近づくと鱗の模様が見えた。どうもぬいぐるみというか、着ぐるみのようである。

頭が腫れていると表現したのは、頭部が異様に大きいのだ。通常のプロポーションの頭部と比較すると二回りか三回りは大きい。そして、奇妙なことに、鬼の角のような二つの突起が付いていていた。

なんだか、饐《す》えたような臭いがそいつから漂ってきていた。あまり怖がっていなかったので、歩を進めていたが、思わず足が止まった。うっすらと血の臭いも混じっているのだ。

そいつは床に両手を付いて上体を支えていたが、その手を床から離して、自分の腹部に持っていった。

何をするのだろうか。呆然とその様子を、彼は眺めていた。

人魚は腹に持っていった手を手刀のように揃えると、突き刺すように押し込んだ。そのまま切り開くようにして両側に穴を広げた。裂け目ができて広がっていく。

腹の中にはスイカのような球体が詰まっていた。それが、重みで転がり落ちた。

床に転がる球体には目や歯が付いている。人間の頭部だとわかって慄然《ぞっ》とした。しかし、綺麗なものではなく、肉は融け崩れていて、まず嫌悪感があった。そして、恐ろしくもあり、気分も悪くなる。

我に返った彼は、その人魚に背を向けて、用事などは放り捨ててその場を逃げ出した。

よく考えると、あの人魚自体は、とあるネコをモチーフにしたキャラクターの人魚バージョンにしたぬいぐるみではないかと思えた。角に見えた突起は耳だろう。そして、そんなぬいぐるみに、切り落として煮込んだ女性の頭部を詰め込んだという事件を思い出した。

そう思うと、それだとしか思えない。

嫌なものを見てしまったと思った。

ただ、彼が訪れたあのアパートは、その事件の現場ではない。だから、その事件の被害者の霊とは断定できない。できないが、なぜかそっくりな物を見てしまったという奇怪な話である。

四十二　すごい毛

ちゃんと思い出せない記憶というのは、程度にもよるだろうけれど、私にもある。

あるディテールははっきりしているけれど、それはいつの出来事だったかとか、誰と一緒だったか、などいくつかの情報が抜け落ちているというか、思い出せないことはある。

その原因には年齢的なものもあるだろう。しかし、若くても記憶された体験が多すぎて思い出すのが、つまりメモリから取り出すのが困難であるという理由だってあるだろう。

さらには、若くても、そして、沢山の出来事があるわけでもないのに、そんな細部を思い出せない記憶だってある。いちいち、全ての体験について何月何日かまでを憶えるとは限らないのだ。

ただ、この話は、いつ、誰と、というのが思い出せないという部分は、そんなよくある出来事と同じだけれど、もっと異質で悪夢的な話である。

ある日、としか言い様がない。

芝田《しばた》さんのアパートに男性が訪ねてきた。こんな時間におかしい、と思ったから、夜遅くだった気がする。

「元気だったか?」とその男性は靴を脱ぎながら訊いてきた。習慣として芝田さんはちゃんと鍵をかけているのだけれど、その日はかけ忘れていたのか、男は鍵を持っていたのか、それとも(そうは思いたくないけれど)芝田さんが自覚なく開けたのか。とにかく、実際に男は何の苦もなく勝手に中に入ってきていた。

「ああ、元気」と、芝田さんは答えている。そんな答え方をしていたからよく知った人なのだけれど、誰なのかちゃんと憶えていない。記憶のその部分に靄がかかったようになっているのだ。そんなぼうっとした部分がいくつかあった。

「そうか。こいつを一緒にどうかと思ってな」

訪問者はそのようなことを言って、手にした袋を胸の高さまで上げた。白いビニール袋だ。中には獣が入っているようで、灰色の毛が覗いている。頭部は袋の中であり、その獣が特定できない。猫や犬ではない印象だ。それを食べようと言うのだから、狸かなあくらいの第一印象だった。ただ、狸はおろか、獣を捌《さば》いて食べたことなどこれまで一度もなかった。だから、あとから考えると気持ち悪いことでもあるのだけれど、そのときは自分で釣った魚を捌いて食べるくらいの感覚だった。

中の獣は危機を感じたのかガサガサと暴れた。その動きにギョッとしたが、依然として顔は見えなかった。

訪問者は躊躇なく台所に入っていく。包丁やまな板など、調理器具を勝手に出していた。それらがどこにあるのか、ちゃんと知っているのだ。その態度からすると、父っぽいのだが、全然父ではないし、もっと似ていると思ったのは伯父なのだが、すでに亡くなっているから伯父でもない。入ってきてからそこまで笑顔を見せてはないが、敵意は無いというか、むしろ親しい人物という雰囲気はある。しかし、誰なのか？　と思うけれど、まあ、誰でも良いような気がしてきていた。

噛まれないように上手に獣を袋から出していた。袋から出された獣は頭を振っていたので、依然としてその顔がよく見えない。手足は短くて、ボザボサの短い毛をしている。その毛は袋から覗いていたように黒というか灰色だけれど、茶色い斑点が付いていた。

ますます、何の獣かわからない。

獣は激しく暴れていたが、訪問者は簡単に頭を落としていた。獣も鳴き声も上げずに頭を落とされていた。

顔はあちら向きだったので、やはりどんな獣かわからない。しかし、とても残酷で気味悪くすらあると感じて、芝田さんはもう見る気がしなくなっていた。それで台所からは目を背けていた。

しばらくすると、良い匂いがしてきた。すき焼きのように砂糖と醤油で煮込んでいるようだ。

実際に、その肉料理は美味しかった。すき焼き風の味付けだけれど、牛肉とは異なる。臭みもなく、柔らかい。何より、肉に分散して混じった脂身が旨味を引き立たせている。その美味しい肉料理を食べると、美味しさにうっとりするというか、ぼうっとしてしまう。

顔が猛烈に痒かった。痒さで我に返ったという感じだ。

それを見て一緒にいる男性は、

「そうそう、血行が良くなるからね」と笑っている。

そういうものかと思いはするが、とても痒いので、掻いてみると指に毛が当たった。顔中を触って確認すると、いっぱい毛が生えていた。あり得ないことだ。食べさせられた謎の肉に、顔面限定の発毛効果があるのか、いや、そうではなくてこんな風に感じてしまうような幻覚成分があるのじゃないかと思った。

そうはいっても、触れた毛の感触は現実としか思えない。しかも、どんどん生えてくる。生える範囲も広がっているし、生えた毛も伸びていっているのだ。

痒みもあるし、要らないものがあるという不快感から、思わず毛を掴んで毟《むし》った。チクッとした痛みはあったが、想像よりはマシだった。

が、毟っても毟っても、顔は毛だらけだった。

気付くと、床に毛がいっぱい積もっていた。もう、幻覚だという意識はない。顔に手をやると毛がまた生えている。部屋に積もった毛に、抜いてもキリがないという怖さと絶望を覚えて手が止まっていた。

ハッと思い立って洗面所に行った。鏡を見ると、やはり顔は毛だらけだった。鏡に映る毛に覆われた自分の顔は、自分の顔ではないようでゾッとする。不思議なことに、頭髪は元のママで、変わりがない。腕にも毛は生えていなかった。

顔を濡らして、安全カミソリで剃りだした。どんどん剃れていく。不思議なことに、剃るともう、毛は生えてこなかった。

ホッとして、あることに気付いた。あの訪問者はどこなのか。

部屋に戻ると、あの訪問者の姿は無かった。いつからいなくなったのか。

夢なのか現《うつつ》なのか、わからなくなってきた。もしかすると、最初からいなかったのか。

そう思いたい気持ちで台所を見ると、鍋が洗って伏せてあった。また、あのとき使った食器や箸が二人分、やはり洗って置いてあった。それらはまだ濡れていた。

あの獣の死体は？　とゴミ箱を見ると新しい袋が入っている。あの死体ごとゴミは外に捨ててあるようなのだ。

部屋にはまだ、醤油《しょうゆ》と砂糖を煮た匂いがうっすらと漂っている。

単なる幻覚とは思えない。少なくとも、何かをすき焼き風に調理して食べたのだ。二人分と思えるから、やはり誰かが来ていたに違いないのだ。ただ、依然としてその訪問者が誰だったか思い出せない。だから、幻覚剤でも入っていたように思える。とすると、誰がなぜそんなことをしたのか見当もつかないし、なんだか恐ろしい。

床に目をやると、敷き詰めたようになった黒い毛がある。

それを目にすると鳥肌が立つ。

そこには幻覚ではない証拠があるのだ。

誰の毛か調べたわけではないが、毟った自分の毛だと思える。自分の顔から生えた毛だとしか思えないのだ。ただ、それを取っておく気にはなれず、袋に詰めてゴミ捨て場に捨てた。それは絶対に覚醒状態で行っているので、夢ではない。

そのときの、ぼんやりとした感覚はいまだに残っているような気がして、あれからも何回か同じことがあって、この話も何回かの出来事が混じっているような、でも、一回きりのような、そんな曖昧な感覚なのだという。

芝田さんはそんな幻覚のようなものをそれまで見たことはなく、普段もごく正常な社会生活および日常生活を営んでいる。脳に影響を与えるような薬物を摂取してもいない。そもそもが大変しっかりとした人だ。それだけに、その出来事だけが、異様で、どちらかというと恥に近い感覚を持っている。そうではあるが、幻覚を見ているようだと表現するしかない、でも、幻覚とは到底思えない生々しさがある体験だという。

四十三　首絞めごっこ

理知的な容貌で、社会的にちゃんとした地位のある、〝ある人〟の話だ。そんな立派な人なのだけれど、立派とは言い難い趣味を持っている。

それは、ベルトやタオルなどで自分の首を絞めて脳への血流を制限し、それでぼうっとするというものである。そんなトリップが癖になっているのだ。

なんでも、テレビのドラマか映画かで見たそうで、最初は苦しかったけれど、その先はとても気持ち良くなる。それは苦痛を抑えるために脳内麻薬が出るからだと医学的な説明までしてくれる。違法薬物は使用していないので、これは合法トリップだと笑っていた。

また、そのときに幻覚を見るが、それが面白いというか、興味深いという。

そんな趣味に関して、不思議なことがあった。

例のごとく、首を絞めて気持ちよくなっていると、何かがパタパタパタパタと飛んでくるのが見えた。

それはヒトの耳だった。

昆虫のように飛んできた耳は壁に張り付いて、アブラゼミの声で鳴く。その鳴き声はとても煩《うるさ》い。聞き続けていると、不安になってくる。

折角の良い気持ちなのにと不快になっていると、すっと人が入ってきて、壁の耳を手で払い落とした。耳は床に強く落ちて少し痙攣すると動かなくなった。

耳を叩《はた》き落としてくれたその人物は、三十代後半くらいの男性である。そして、その男には見覚えがあった。実在はしないのだけれど、この遊びで味わう幻覚でわりとよく見る人なのだ。天狗の面を被っているので素顔は知らない。ただ、その面は鼻から下が割れているので口は見えている。口元だけだが親戚の誰かでも知人の誰かでもなく、声を聞いても実在の人物に思い当たる人はいない。

そんな夢というか、幻覚内だけの架空の人物は、壁の耳を叩き落としてくれた後、そばに来て言葉をかけてきた。

「ホービをドーゾ」

と言いながら、こちらに何かを渡してくる。

それは宇宙生物としか思えない、白い毛がいっぱい生えたピンク色のうねる生き物だった。見たことのない奇怪な生物だった。

それを手渡ししようとするけれど、こちらは自分の首を絞めているから両手は塞がっている。そこで男性はその怪生物を腿の上に置いた。

チクッと腿に痛みが走った。体を捻ってそれを落とす。

男性は残念というか、申し訳なさそうに口をへの字にして、それを拾って、

「マア、冷凍シテオキますカラ」

と奇妙なイントネーションで言いながら部屋を出ていった。

戻ってきた男性と、その後も何か話したりしたようだが、あまり憶えていない。

どれくらい経ったかわからないが、ベッドで首を絞めたまま蘇生した。そうやって起きるのはいつも通りだが、ただ、その日は起きてから非常に驚いた。

あの幻覚を見ていたときに飛んできた耳が張り付いた壁の下で、実際にアブラゼミが死んでいたのだ。耳が落ちて痙攣していたのと全く同じ場所にアブラゼミの死骸があるのだ。季節は夏で外に出れば確かに鳴いているけれど、これまで部屋に勝手に入ってきたことはない。窓もドアもちゃんと閉まっている。

どうやって入ってきたのかわからない。というか、あの幻覚だと思っていたことが実際にあったのではないかと思えてくる。

……とすると。まさか、あの怪生物が冷凍庫に？

そう考えて、キッチンに向かった。冷蔵庫の前にしゃがみ、恐る恐る冷凍庫の段を開けると、あの宇宙生物がびっしり入っていた。

あまりにも気持ち悪いので捨てた。

この話を聞いていて、その怪生物に私は思い当たるものがあった。それはウミケムシという海産の環形動物だ。それではないかと、ウェブに上がっている画像を見せると、「うわ、これだ」と驚いていた。ただ、海の生物だという説明に、「そんなのどうやって……」と絶句していた。知らなかったウミケムシを無意識に冷蔵庫に入れるというのは無理だろう。それをした第三者がいるとしか思えない。そしてその人物は勝手に部屋に入ってきている。そんな恐ろしいことが起きているのだけれど、そこは気にならないようだった。

むしろ、そういう幻覚が見られるので、このトリップは止められないのだけれど、ここまで凄いのものにはなかなか出会えない、……のだそうだ。

四十四　インプラントを取り出す話

スズカさんという女性が大学生の頃のこと。

家を出てすぐ見える山のそばで、何度か白い発光体を見たという。色はよくあるオレンジではなく、いつも白で、その光はハレーションを起こしたように端がぼやけた円形をしていて、何より強い。そんな発光体が不規則な軌道で飛んでいたというのだ。要はＵＦＯ目撃談だ。

ＵＦＯは超常現象の一種だろうけれど、心霊現象ではないので怪談ではないという立場もある。しかし、怪談は怪異の話であり、そうであれば妖怪も怪異であるし、そもそも超常現象自体が怪異である。そして何より、ＵＦＯは現代ではまだリアルな部類の妖怪なのだ。太鼓を背負った鬼神が雷を起こしているとは古代の人は信じただろうが、当時はまだ雷の正体が放電現象だとわかっていなかったからだ。もう雷神様の目撃談はリアルな妖怪目撃談とはいえないだろう。ＵＦＯも元々はソ連の新型偵察機と言われていて、それが異星人や未来人の乗り物だと見なされ方が変化した、正体がわからない飛行物体である。異星人や未来人はまだ現代では否定されきっていないので、それ故にリアルな怪異なのだ。

脱線してしまったが、スズカさんはさらに、このよくわからない飛行物体に関わるような追体験をしていた。

その同じ色と形をして、不規則に飛ぶ未確認飛行物体を何度か見る内に、とうとう夢の中でも目撃したという。というか、また、あのＵＦＯを見た、と思ったらベッドで目覚めたのだ。ちょっと変わった夢だったので、妙に気になったものだった。

これはその日のことである。

休日で、特にすることもなかったところに、電話がかかってきた。家族や友人とは普段はＬＩＮＥで連絡を取っており、電話がかかってくるのはアルバイト先くらいだった。それで、すぐに電話に出ると、意外なことに、高校時代のクラスメートからだった。当時、そんなに仲良くしていたという記憶は無いので、ちょっと気にはなったが、会話を続けた。

相手からは、今何しているのと訊かれた。そういえば、進路は知らないだろうなと、通っている大学の名をあげた。相手は特にそれにはコメントせず、今時間があるかと訊いてきた。久しぶりに会おうと、そこから二駅ほど離れた場所を告げられる。それは通学に使う鉄道の駅であり、大学よりも手前にあるので定期券が使えた。行くのに全くストレスを感じなかったし、ちょっと興味が湧いたので行くことにした。

改札口で待っていたその子はすっかりと垢抜けていて、服やアクセサリー、化粧など良い物ばかりに思えた。特にバッグにはスズカさんの目が留まった。それに気付いて、

「これ、いいでしょ」と訊いてきた。頷くと、

「これ、めっちゃ安いねんで、千円やねんで」と言う。が、そんな安い物には見えない。

「じゃあ、パチもんじゃないの？」とストレートに訊くと、

「ほんものやで」と笑いながらロゴを見せられた。よくわからなかったが、ちょうどそのとき、バッグが欲しくて、しかもその好みに合っていたので、自分も欲しくはなっていた。その気持ちを察したのか、

「これ、今だけやで。早い者勝ちやねん」と推してくる。「スズちゃんも買わへんか」

そう言われて、その安さなら持ち合わせがあるので、購入をほぼ決めた。

「じゃあ、どうしたらええのん？　通販？」と購入法を問うた。

「いや、現品を直にやで」

それを聞いて、そういうものかもなと思った。相手はたたみかけるように、

「この近くやし、行こうか」

と歩き出した。

後で思い返すと、デート商法の友人版のような詐欺まがいの商法を疑わせるが、全く疑いもせずに付いていった。

あるビルに入り、エレベーターに乗り、着いた階の廊下を進む。両側にドアが続いていて、テナントビルのようである。

オフィスなんとかだったか、なんたら商会という感じのプレートがかかっているドアをノックして、その子は入っていった。

中はオフィスかと思っていたが、殺風景な部屋で、正面に古いタイプのテレビが置いてあった。厚みがありブラウン管かと思った。その前に椅子が一脚置いてあるだけで、商品はなかった。また、店員すらいない。

「え、バッグは」と口にしたが、その子は笑って、

「ちょっと待っといて。持ってきてもらうし。あ、その間、スマホでも弄ってて」

と、椅子を勧めた。

その椅子に腰掛けると、唯一の出入り口であるドアは背になり、何かを強制的に見せようとするかのように一台だけあるテレビを前にすることになる。そんな不穏な状態なのに、そういえば、ソーシャルゲームのログインボーナスがまだやわ、とスズカさんは呑気にゲームを開いて弄っていた。

ついでにゲームをしていると、急に照明が落ちていくのに気付いた。スマホから目を離して見回すと、真っ暗ではないけれど、明らかに薄暗い。

と、突然、目の前のテレビがブゥンと点いた。

ただ、画面にはノイズが流れていた。ザーッという音とともに砂嵐が映っている。気付くと、手元のスマホの画面がおかしくなってフリーズしていた。

え？　何々？　と危機感を覚え始めたところに、背後でドアの開く音がした。

振り返ると、ドアが開いて、ぞろぞろと五、六人が部屋に入ってきた。その中の一人が掌をこちらに向けたかと思うと、腕の両側から見えない圧力がかかって、スズカさんは体が動かなくなった。

そんなスズカさんをまっすぐ立たせると、彼らはスズカさんの前に並んだ。皆、スラッと背が高く、目が、白目黒目のような区別はなく、オレンジ一色だった。紫色の肌をしていて、鉱物性の板をタイルのように貼っているように、罅《ひび》というか線が走っている。髪は無い。性別はわからない。男でも女でもいいし、性別が気にならなかった。そして、古代ギリシャ人の服を思わせる、クリーム色の布を体に巻き付けている。

そんな異星人を思わせる奇怪な者達に取り囲まれてしまっているのだ。

目の前のヤツが、スズカさんの右手を無理矢理の握手のように上から握った。腕を浮かされて、前腕が見えるように持ち上げられた。

その右手の前腕部は、デキモノができていたなと、ちょっと気になったのを思い出した。実際に、ちょっと膨らんでいるのが見える。

その前腕に爪を突きたてられた。不思議と痛くない。その爪をメスのように動かすと切れ目ができ、そこに指を入れられた。血は出ているが、痛くはない。痛くはないけれど、そのグリグリと動かされるのが不快だった。

そして、腕の中から、小指くらいの大きさの、キーキーいう長細い猿のようなものを取り出した。その長細い猿と思ったものは、頭と両手両足のある人間型をしており、全身に毛が生えていて、血で濡れていた。目を瞑っているが、口を苦しげに開けて、キーキーと猿っぽい声をあげているのだ。

そんな異常な様子を動けない状態で見せられている。

恐ろしさを通り越して、映画か夢を見ているような非現実感があった。

それもあったのだろうか、「この宇宙人達は、私の腕でこれを育てていた？」と思ったのを憶えている。なぜか、埋め込まれていたのだと感じていたのだ。

目の前のヤツは猿を取り出して、そばの人に渡すと、もう一度傷口に手を入れてくるが、そこからの記憶が無い。

気がつくと、すっかり暗く、夜になっていて、とある人気《ひとけ》の無いバス停のベンチに座っていた。そこは家から最寄りではないけれど、家の最寄りのバス停から乗れるバスの路線上のものだった。歩くと家まで三十分くらいで、あの元クラスメートと会っていたのとはかなり離れた場所であった。

今までの出来事が夢か幻のように思えるが、右腕には傷があった。腫れ物ができていて、そこから猿を取り出された、その部分だった。

もうバスは出ておらず、仕方なく歩いて帰った。その道すがら、自分を呼び出したあの元クラスメートに文句を言おうと思ったのだが、それが誰なのか思い出せなかった。それに気付いてまたゾッとした。

家に戻ってから、卒業アルバムを開いて一人ずつクラスメートの顔を見ていったけれど、全員違った。数時間前に会ったあの子に該当する者はいないのだ。しかし、あのときは、確かにクラスメートだと思えたのだ。あれは誰なのか。スマホには通話履歴自体が残っていなかった。

かといって幻だとは思えなかった。怪我をしている右腕を病院で診てもらった。何かを埋め込まれたかどうかは訊けなかったが、筋肉まで傷ついている深い怪我だった。

ただ、妙に治りが早くて、深い傷だったのに二の腕にはうっすら赤い線が入っているだけになっていた。